博瑞森图书
BRACE

企业阅读 本土实践

管 理 · 人 文 · 生 活

翟玉忠历史与商道系列

# 国富策

## 读《管子》知天下财富

|翟玉忠◎著|

**图书在版编目（CIP）数据**

国富策：读《管子》知天下财富/翟玉忠著. —北京：中国书籍出版社，2018.8
ISBN 978-7-5068-6974-4

Ⅰ.①国… Ⅱ.①翟… Ⅲ.①《管子》-经济思想-研究 Ⅳ.①F092.2

中国版本图书馆 CIP 数据核字（2018）第 187107 号

**国富策：读《管子》知天下财富**

*翟玉忠 著*

**策划编辑** 王志刚
**责任编辑** 王志刚
**责任印制** 孙马飞 马 芝
**封面设计** 久品轩
**出版发行** 中国书籍出版社
**地　　址** 北京市丰台区三路居路 97 号（邮编：100073）
**电　　话** （010）52257143（总编室）　（010）52257140（发行部）
**电子邮箱** chinabp@ vip. sina. com
**经　　销** 全国新华书店
**印　　刷** 北京宝昌彩色印刷有限公司
**开　　本** 880 毫米 ×1230 毫米 1/32
**字　　数** 180 千字
**印　　张** 8. 375
**版　　次** 2018 年 11 月第 1 版 2018 年 11 月第 1 次印刷
**书　　号** ISBN 978-7-5068-6974-4
**定　　价** 98. 00 元

# 导　读

中国农业社会规模庞大的市场产生了复杂发展的经济理论，这就是以《管子》轻重十六篇为核心的轻重术。

在对市场本质的认识上，轻重术认为：市场能够自动组织，却不能自动实现均衡。市场调控的目标不是增长，而是均平。市场当以商品、货币为手段进行双向调节；千百年来，中国先哲主张一种公私相分，国家参与其中的市场经济。为了人与自然的平衡，按照自然的时序和生产能力组织经济生活。通过损有余补不足，实现社会整体动态平衡。

轻重术是经济学的“经”，具有历久弥新的特点，理论上能够同亚当·斯密的《国富论》、马克思的《资本论》和凯恩斯的《就业、利息与货币通论》相媲美。

本书主体分为道与术两大部分：

《思想篇——国家参与其中的中国古典经济思想》讲道。计划与市场、对外贸易、政商关系、分配关系、期货与平抑物价、放任与调控、竞争与合作……这些当代经济命题在中国古典经济思想中得到了深刻阐发，复杂多变的国际经济环境迫使我们重新面对和发展这些理论，并从中汲取有益时代的经验教训。

《谋略篇——中国古代经济“三十六计”》讲术。其中，《管子·轻重甲第八十》十二计、《管子·轻重乙第八十一》六计、《管子·轻重丁第八十三》十三计重在国内经济管理之术；《管子·轻重戊第八十四》五计讲对外经济战略。如果将中国民族医学称为“阴阳之术”，中国古典兵学称为“奇正之术”，那么中国古典经济理论则可称之为“轻重之术”。中国古典经济思想的三十六计，一言以蔽之，“轻重”而已。领悟“轻重”，便抓住了根本。现实中“轻重”变化无穷，足以得无限妙用。

本书付力于承载千年智慧，汇通中西学术。希望对经商与治国提供有益的参考。

# 序　一

## 中国需要列国经济学

北京大军经济观察研究中心主任　仲大军

我想指出的是，中国需要列国经济学，需要各国竞争环境下的经济学。

早在先秦时期我国已经产生了系统而且丰富的经济学思想和理论，并在列国大争的环境下进行了相应实践。但随着秦汉的统一，一个中央集权大国的形成，列国经济学渐渐式微。《管子》中系统完整的经典经济思想被束之高阁，数千年来鲜为人所知晓。

两千多年来，中国一直以一个鲜有竞争对手的东方大国面貌而存在。因物产丰富、地域广袤，经济自成一体，国际往来不多，外部贸易对本国经济的影响微乎其微。因此，中国古代的经济学家根本不需要《管子》的经济智慧和理论。甚至到了清代，皇帝居然傲慢地认为天朝帝国物阜民丰，对外部贸易不屑一顾。

清代以前的中国，根本不考虑到外部世界寻求财富，这和贫穷的欧洲国家形成了鲜明对比。五百多年以前，欧洲人考虑的是如何到外国寻求财富，如何赚取他国的财富，所以有哥伦布和麦哲伦漂洋过海，四处探险的壮举。当时的中国考虑的则是如何在内部发掘财富。正是这两种不同的心态，导致东西方在近五百年间实力发生了彻底的变化。

为什么中国与欧洲国家产生了不同的经济学思想呢？这还要从地理禀赋、国家形态去找原因。**一个不容忽视的因素是，欧洲小国林立，而中国是一个完整的统一大国。多个小国的经济交流，使用的是列国经济学；一个大国自成一体，奉行的是相对独立封闭的经济学。**

等到中国被西方列强用大炮轰开了大门，被动地参加国际贸易时，一切都落后和被动了。

为什么中国会陷入这种境地呢？归根结底，中国丢掉了老祖宗早就擅长的列国经济学。

所幸，在经济思想领域“西风压倒东风”的时下中国，居然还有几个不盲目跟风、潜心研究自己历史文化的学者，翟玉忠先生就是其中一位。这些学者和当今某些崇圣的后儒们还有所不同，他们不是闭门只研究自己的老祖宗，而是同时研究着西方的理论和实践，站在世界的角度，以宽阔视野和博大胸怀对东西方不同经济体系的特点进行对比。他们融会东西、出入古今，而非孤芳自赏、闭门造车、自吹自擂，这是他们与某批新儒家学者很大的不同点。

与时下风头甚炽的个别国学派和国故派不同的是，翟玉忠先生这样的一批人，研究的是经济智慧，不故弄玄虚，不吓唬人，而是实实在在地搞东西方比较，发扬各家之长，摒弃各家之短。因此，在当前国内一片国学热的时候，我比较欣赏翟玉忠先生这些人的学风。我们必须恢复文化和心理上的自信，全力保护我国的物质财富和经济利益。

然而，中国古典经济思想一直以来被肢解、被矮化，甚至被某些“学者”视为小农经济时期的经济学。事情真的是这样的吗？我认为应当这样来看待：方法随着时代变迁是会过时的，但问题永远不会过时。就像太阳早晨升起晚上落下，周而复始一样，困扰人类的一些古老问题并没有变化，比如齐桓公问管子的那些问题，直到今天仍然是中国发展的头等大事。

在《管子·地数》一章里，桓公问管子：“吾欲守国财，而毋税于天下，而外因天下可乎？”桓公说：“我要保有国内资源，不被天下各国捞取，反而要外取于天下，可以吗？”管子回答：“可，夫水激而流渠，令疾而物重。先王理其号令之徐疾，内守国财，而外因天下矣。”这一段用今天的话说就是，要想既利用外力，又保住本国财富不外流，那就要制定出好的方针政策和制度法令。

这就是列国经济学的主旨思想，即在竞争发展中，既要利用外国资源，使本国经济得到发展，又要保住本国资源和财富，不要轻易流失到外国。

我们目前在反思发展模式和发展思路，其实就是缺少齐桓公这一思想和管子的对策！

总的来说，今天从中国古典经济学中寻找的智慧主要有三点：

**一是竞争之道，即列国经济学。尽量互利互惠。**

**二是平衡之道，即货币与实物的平衡。不爆发通货膨胀，保持物价稳定，不让外国货币狙击本国货币。**

**三是减少发展的不均衡，避免贫富差别，即管子的“富能夺，贫能予，乃可以为天下”。**

明白了这三点，中国人在国际竞争的舞台上便有了主心骨，中国便有可能打赢今后的国际经济战争。

在我看来，今天的中国经济学界，最应搞明白的是列国经济学与封闭经济学的差异，二者的内涵和操作方法完全不一样。封闭经济学是一个局部总量平衡的经济学，易于调控，而列国经济学是没有宏观总量平衡的经济学，其操作手法与封闭经济学的方法完全不一样。就像当今世界，货币的总量完全没法控制，各国都在打货币战。这个时代中国人如果还按贵金属时代的思维方式去行事，必然吃亏。

作为北京大学中国与世界研究中心的重要课题成果，本书的出版将对广大有独立意识、独立人格的学者产生重要的启示。

这是我的祝愿，也是国民的殷盼！

# 序　二

## 动态平衡　经世济民

国家发改委宏观经济研究所研究员　高梁

中华民族五千年历史，不乏伟大的政治家、军事家、文学家，也不乏杰出的经济专家和治国能臣，在中国土地上产生过不止一部“国富论”，其中最重要的当属《管子》轻重十六篇，蕴含着中国古典经济理论与经济政策的基本思想，是中华民族宝贵的思想财富。

诚如翟玉忠先生所指出的那样，动态平衡思想一直是中国经济理论的核心。我们的祖先自觉地用“辨证施治”的眼光，观察复杂的社会经济运动，给出相应的政策药方。中国古典经济学的系统方法论，和偏重机械唯物论方法的西方经济学相比，自有其高明之处。当然，这不否认我们有必要学习当代西方经济学的诸多合理部分，但学习是为了根据实际国情，解决中国问题。

**国家统制货币发行，控制大宗必需品价格，以稳定物价、平衡财政、抑制贫富差距。这是中国古代治国贤臣的基本主张。**

唐代著名的理财家、史学家杜佑所作《通典·卷八·食货八·钱币上》曾引《管子·国蓄第七十三》中的话，从他的自注中，我们能清楚看到中国古典经济思想的持续影响力。上面说（括号内文字为杜佑自注）：

管子曰："人君铸钱立币，人庶之通施也。（钱币无补于饥寒之用，人君所立，以均制财物，通交有无，使人之所求，各得其欲。）人有若干百千之数矣，然而人事不及、用不足者何？利有所藏也。（人事谓常费也。言人之所有多少，各随其分而自足。君上不能均调其事，则豪富并藏财货，专擅其利，是故人之常费不给，以致匮乏。）然则人君非能分并财利而调人事也，则君虽自为铸币而无已，乃使人下相役耳，恶能以为理乎？"（言人君若不能权其利门，制其轻重，虽铸币无限极而与人，徒使豪富侵夺贫弱，终不能致理也。）

在一定程度上，上述政策思想在中国共产党领导的解放区曾得到充分发扬。在当时特定的条件下，解放区政府控制了主要大宗商品和流通主渠道，实行"外贸统制"，作为独立经济政策和货币政策的支柱。正是在这一基础上，即使没有黄金和外汇储备，解放区也能通过控制边币供应量，稳定币值，发展经济，保障供给。

也正是在这一前提下，新中国初创阶段，政府在极端困难的情况下能够一举取缔金融投机、遏制恶性通胀、迅速恢复生产，创造了世界经济史的奇迹。新中国杰出的经济领导者所提出的综合平衡思想，即“物质生产自身平衡、实体经济循环与货币循环平衡”，也就是工业化建设时期的动态平衡理论。

**动态平衡，同样体现在制度安排和社会政策方面。过犹不及，凡事要讲“度”。商人牟利动机本是经济活力的基础，但如果放纵其唯利是图的本性，必然损害社会公益、扩大贫富鸿沟，所以要节制资本。**由于经济活动日趋复杂，政府的宏观调控任务愈益繁重，但对微观活动干涉过分则压抑活力。如何把握好二者的边界和度，不能靠外来的或“钦定”的本本，而要根据具体条件与国家目标，灵活调整。

经济科学工作者的任务是经世济民，追求民富国强。科学研究的本质是探求真理，社会科学的真理本身应该是朴素的，易于为广大人民理解、有益于广大人民的。进一步研讨中国古典经济学的宝贵思想，对当代现实经济社会运动，有着独到的启发意义。

在此意义上，翟玉忠先生的这本书特别值得广大学人重视。

# 目　录

## 谋略篇　中国古代经济“三十六计”

思想篇

# 国家参与其中的中国古典经济思想

计划与市场、对外贸易、政商关系、分配关系、期货与平抑物价、放任与调控、竞争与合作……这些当代经济命题其实在中国古典经济思想中得到了深刻阐发，复杂多变的国际经济环境迫使我们重新面对和发展这些不朽的理论，并从中汲取有益的经验教训。

# 第一章　轻重术本质是经济学之道

在人类文明史上，有一种不落的星辰——经，那是文明的胚胎，世界上各个民族丰富多彩的文化由此演化而来；在经济学领域，也有一种称之为经的东西，这就是轻重术，它是经济学之道。

## 一、《管子》轻重术是复杂发展的政治经济学

在中国传统文化中，人们把那些能够垂范千古的著作称为经。正是这些经典之作，奠定了中华文化的初基，其思想价值和实用价值能经受时间的风雨，历久而弥新。

除了代表周代文化元典的五经——《诗经》《尚书》《礼记》《周易》《春秋》，在不同的领域内，都存在着经，比如医学中的《黄帝内经》、数学中的《九章算术》等。在政治经济学领域也存在着类似的经，这就是轻重之术，其核心经典保存在成书于战国时代的《管子》轻重十六篇之中。

春秋战国，一个东亚大陆上各个诸侯国竞争的时代——不仅是流血千里的军事斗争，还包括经济上你死我活的惨烈竞争。

此时，人类智慧被时代血火激发到极致。在军事思想领域，

出现了《孙子兵法》《吴子兵法》这样垂范千古的兵学作品；在经济思想领域，出现了伟大的中国古典经济理论——《管子》轻重诸篇。孙吴兵法光耀千秋，而轻重之术却沉入历史两千年无人问津。直到二十一世纪，向世界敞开大门的国人直面一个全球大争的时代，我们才重新发现它的真谛所在。

最早发现中国古典经济理论具有现代性的是梁启超。他在1909年所作的《管子传》中明确指出，《管子》的作者就已经有了宏观经济学概念。一百年前，梁启超（1873～1929年）在《管子传·第十一章·管子之经济政策》中评论说："经济学之成为专门科学，自近代始也。前此非独吾国无之，即泰西亦无之。（虽稍有一二，不成为科学）自百余年前，英人有亚丹斯密（即亚当·斯密——笔者注）者起，天下始翕然知此之为重。然斯密之言经济也，以个人为本位，不以国家为本位，故其学说之益于人国者虽不少，而弊亦随之。晚近数十年来，始有起而纠其偏匡其缺者，谓人类之欲望，嬗进无已时；而一人之身，匪克备百工；非群萃州处通功易事，不足以互相给；故言经济者不能举个人而遗群，而群之进化，由家族而宗法而部落以达于今日之国家。国家者群体之最尊者也，是故善言经济者，必合全国民而盈虚消长之，此国民经济学所为可贵也。此义也，直至最近二三十年间，始大昌于天下。然吾国有人焉于二千年前导其先河者，则管子也。"①

① 梁启超，《饮冰室合集》第五册，中华书局，1989年版，饮冰室专集之二十八，第46页。

据西汉刘向的《管子叙录》，《管子》中《乘马》《轻重》《九府》诸书皆与经济政策直接相关。

“乘马”指土地赋税制度，特别指军赋，《管子》经言中的《乘马第五》、轻重篇中的《巨乘马第六十七》《乘马数第六十九》和《问乘马第七十》（已佚）同属于《乘马》，其内容都是讲历代经济制度的重要组成部分土地赋税，即《洪范 》八政中的“食”。

在《管子》成书的年代，“轻重”一词为人广泛应用，是指政治经济中的各种辩证关系。一如中医之“阴阳”、兵法之“ 奇正”。轻重之术在实践中运用起来千变万化，奥妙无穷——《管子》中屡次提到“轻重之数”“轻重之策”和“轻重之家”。现存《轻重》书，包括《轻重甲》《轻重乙》《轻重丁》《轻重戊》《轻重己》，都是应用轻重术，平衡国内、国际经济关系的具体实例。

《九府》是以《国蓄》篇为中心论述国家商业货币政策的九篇紧密联系的论文，借用西周“府”的概念，表示国家储备的重要性。同时，我们也能依稀看到，从西周至西汉，中国古典经济思想因革损益的路径——从相对单纯的储备到利用储备的商品和货币，圆熟地以轻重之术调节市场，使之平衡稳定地发展。《九府》书包括《国准》《事语》《海王》《国蓄》《山国轨》《山权数》《山至数》《地数第》《揆度》诸篇。

《国蓄》在《九府》书中的核心地位十分突出，巫宝三先生将其称为轻重各篇的“本论”。《国蓄》中的文字，不仅大量为

《地数》《揆度》《山权数篇》《轻重甲》《乘马数》等篇引用，后世在论述商品货币问题时，也多直接引用《国蓄》。

在对市场本质的认识方面，同西方经济学一样，《管子》的作者认为市场是商品交换、资源配置的场所，是形成价格的机制。但同时认为，**市场有自组织功能，却不具有自动实现均衡的功能，所以需要政府这只看得见的手去调节，以实现其动态平衡（不以增长为直接目标）。也就是说，市场中除了有“看不见的手”在起作用，还要有“看得见的手”起作用。至于如何调节市场，《管子》注重用商品和货币双向调节的方法，而不是如货币主义那样主要用货币调控市场。**

当代西方主流经济学继承了十九世纪经典物理学的机械论观点和数理化结构，并逐步完成了去政治化和去伦理化的过程。直到二十世纪末期，人们才开始对这一过程进行理性地反思，经济学家开始批评“数学建模着迷”，过度数理化经济学与现实严重脱离的问题，并开始重建经济学的政治与伦理之维。在这种背景下，二十世纪六十年代新政治经济学兴起。1998 年诺贝尔经济学奖得主阿马蒂森·森通过对饥荒问题的研究，指出经济活动背后离不开伦理关系。

1997 年，埃里克·D. 贝因霍克在《混沌边缘的战略》一文中详尽阐述了经典物理学与新古典主义经济学的关系。十九世纪末西方经济学家显然还没有意识到经济学系统不是经典物理学处理的静态均衡体系，他们错误地因袭了机械物理学的知识路线——这一路线在当时就已经出现了危机。埃里克·D. 贝因霍克这样写道："现代新古典主义微观经济学是在十九世纪七十年代由利昂·沃尔拉思、威廉姆·斯坦利·杰文斯和卡尔·门格创立的，由阿尔弗雷德·马歇尔在世纪之交综合成为一套条理清晰的理论。为了使经济学更具科学性，沃尔拉思、杰文斯和门格借用了当时的领先学科——动力物理学的观点和数学结构。20 年前，朱利叶斯·梅厄、詹姆斯·普雷斯科特·焦耳、赫尔曼·冯·赫姆霍尔兹和路德维希·奥古斯特已经在动力物理学方面取得了突破，这就为热力学开辟了道路。早期的经济学逐个等式地复制了十九世纪中期动力物理学的数学公式，并用隐喻的手法（并且错误地根据许多物理学家的看法）将其转化为经济学的概念。"①

**首先，经济系统不是经典物理学处理的封闭均衡体系，人类经济活动是与环境持续互动的结果，用"稀缺性假设"远远不能涵盖这种复杂的互动关系，反而刺激了人类对自然的掠夺。其次，经典物理学家的"粒子"也不同于经济生活中的"个体"，现实中理性经济人是不存在的；又由于社会经济是一个复杂的巨系统，正反馈机制会将系统推向远离平衡的状态。因此，自由竞争机制会导致市场自动平衡和社会公共利益最大化的观点失去了逻辑起点。**

那么中国古典经济学如何宏观调控"不能自动均衡"的市场

---

① 萨尔坦·科马里：《信息时代的经济学》，江苏人民出版社，2001 年版，第 175 页。

呢？关键是政府通过大量储备，牢牢控制住农业时代最主要的商品粮食和货币。《管子·国蓄第七十三》的作者以形象的语言写道：“五谷食米，民之司命也；黄金刀币，民之通施也。故善者执其通施以御其司命。”《管子·轻重乙第八十一》几乎以相同的语言写道：“故五谷粟米者，民之司命也；黄金刀布者，民之通货也，先王善制其通货以御其司命。”

市场双向调节的具体方法是《管子·国蓄第七十三》讲“据有余而制不足”，当市场上物资不足时，把储备的东西卖出去，当市场上物资过剩时，把市场上的商品收购起来储备。物资有余，人们就肯低价卖出，政府则以低价收购；物资不足，人们就肯高价买进，政府应该以高价售出。用低价收购，用高价抛售，这样政府不仅取得了大量的财政收入，还使得市场得以稳定，防止了商人过度投机，可谓国与民、公与私两利。这是中国理财之术的关键，也是西方经济学所欠缺的。现代西方只能看着大资本垄断整个社会，将整个人类推向资源枯竭、生态崩溃的深渊。

《管子·国蓄第七十三》上说：善治国者总是在民间物资不足时，把库存的东西供应出去；而在民间物资有余时，把市场上的商品收购起来。民间物资有余就肯于低价卖出，故君主应该以低价收购；民间物资不足就肯于高价买进，故君主应该以高价售出。用低价收购，用高价抛售，君主不但有十倍的盈利，而且物资财货的价格也可以得到调节。轻重之术的巨大利益，在于先用较高价格购取市场上廉价的商品，然后再用较市场低的价格销出这些平价物资。各种物资的余缺随季节有不同，注意调节则维持正常不变，失掉平衡那就价格腾贵了。人君懂得这个道理，所以总是用平准措施来进行掌握。使拥有万户人口的都邑一定藏有万钟粮食和一千万贯的钱币；拥有千户人口的都邑一定藏有千钟粮食和一百万贯的钱币。春天用来供应春耕，夏天用来供应夏锄。一切农具、种子和粮食，都由国家供给。所以，富商大贾就无法对百姓巧取豪夺了。（原文：故善者委施于民之所不足，操事于民之所有余。夫民有余则轻之，故人君敛之以轻；民不足则重之，故人君散之以重。敛积之以轻，散行之以重，故君必有十倍之利，而财之横可得而平也。凡轻重之大利，以重射轻，以贱泄平，万物之满虚随时，准平而不变，衡绝则重见。人君知其然，故守之以准平，使万室之都，必有万钟之藏，藏繦千万；使千室之都，必有千钟之藏，藏繦百万。春以奉耕，夏以奉芸。耒耜械器，种镶粮食，毕取赡于君。故大贾蓄家不得豪夺吾民矣。）

## 二、规模庞大的经济形态是轻重术产生的基础

学富五车的钱穆先生（1895～1990年）在他的《现代中国学术论衡》一书中明确指出："中国文化传统既与西方不同，则中国社会状态亦自当与西方有异。今国人乃率据西方社会学来观察评论中国社会，则胥（音 xū，全，都——笔者注）失之矣。如言西方为商业社会，中国为农业社会，不知中国社会之工商业积两三千年来，皆远胜于西方。直至近代西方科学发达，情况始变。而中国始终不能有资本主义之产生，则为中西双方文化之大相异处。国人又称中国为封建社会，则又大谬不然。中国社会两

千年来，工商业皆极盛，何以终不产生资本主义，此乃一大问题，可自上层政治措施上论，亦可自下层社会情态上论。”①

整体上，古代中国完全不似欧洲中世纪那样“自给自足”。比如一个中世纪欧洲庄园（村子），除了隶农和农奴，还有铁匠、木匠、车夫、磨坊主、兽医、酿酒师、理发师、牧师，能够完全与外界隔离而独立生存。这是一种地区性的专业化，几乎完全没有市场交换，也没有货币的使用，许多人一辈子都没有用过货币。由于缺乏工商活动，甚至国王和政府官员也必须搬到乡下的庄园巡回就食——将自己的地产分为若干庄园，带领家人、随从于每个庄园停留若干时间，把那里一年的收获物消耗完后，再转移到另一处就食。

美国中世纪史专家詹姆斯·W. 汤普逊（1869～1942年）在其《中世纪晚期欧洲经济社会史》曾经这样描述12～13世纪的欧洲封建社会：“从经济和社会角度看，12～13世纪的社会是由俗界和僧界大封建土地贵族所组成。而教会是其中最大的土地所有者。当时不是‘货币经济’时代，而是‘自然经济’时代。在此时代中，有产阶级的生产几乎不超过其自身的需求，几乎不消费任何非本地生产的物品。市场权、税收权和铸币权进一步充实了封建领主的财源。这个富有的有产阶级除土地外还拥有另一类财产，即家用金银器皿、教会金银器皿、金条、窖藏金币和珠宝

---

① 钱穆：《现代中国学术论衡》，生活·读书·新知三联书店，2001年版，第230页。

等。教会的这类财产特别丰厚。但是，它是闲置的财富，既不投入流通，也不用于生产。”①

事实上，早在两千多年前的秦汉时期中国就有了庞大的经济体系。**其产生，除了精耕农业产生的剩余产品，还有以下两个原因，一是依托于全国道路网形成了庞大的商品逐级集散机制，二是贱金属货币铜钱的大量使用，将社会上最大多数人口卷入到其中。**

中国的农耕技术在周朝就已经十分发达。今天，从追述西周政制的《周礼》等古籍中，我们还能看到当时已经有了相当先进的耕作和选育种知识。战国时期，中国的农耕技术取得了进一步发展，比如成书于战国后期的《吕氏春秋》一书中有《上农》《任地》《辩土》及《审时》四篇“农书”，其内容包括如何选种、精耕细作、合作轮种、防止虫害、施肥等，足见当时耕作技术之发达。

秦汉时期，中国产生了集约化的精耕农业，大大提高了土地的产出，为经济的发展奠定了物质基础。美国匹兹堡大学教授、历史学家许倬云在《汉代的精耕农业与市场经济》一文中论证指出：“汉代农夫显然已掌握集约耕作的技术和知识，可以合理有效地连续使用土地，而不需休耕……集约农作可利用妇女与儿童从事较为不劳累的工作，如除草、除虫、施肥之类。同时集约农

---

① 詹姆斯·W. 汤普逊：《中世纪晚期欧洲经济社会史》，徐家玲等译，商务印书馆，1996 年版，第 11 页。

作要求长期而继续的工作。是以集约农作既可减少季节性的劳力闲置，又可使次级劳动力也投入生产。一年多作更缩短了土地休闲的时间。然而，中国的北方究竟有相当长期的霜期。汉帝国的核心区域为关中与中原，冬季颇长，生长季节大受气候的影响而缩短。于是一岁之中，到底免不了有劳力需求分布季节性不均匀的现象。春耕秋获，最为忙碌。而冬季则不失为闲季……闲季中主要劳动力（男性）及全年中未完全使用的次要劳动力（女性及儿童）都可有相当的时间从事其他非农业性的工作。凡此多少吸收了一些季节性的闲置劳力。其成果不是农业活动的间接支援，即是生产可出售的货品。”①

精耕农业和农舍手工业催生了规模庞大的市场性质的农业经济。许倬云继续写道：“上面讨论的农舍生产无疑会由近村贸易逐步发展为一个贸易市场网，其网络足以联系若干分散的聚落，使当地交易构成一种市场性质的农业经济。”②

秦汉时期中国经济的市场化程度高得惊人，《中国税务》杂志社综合研究组研究员王小强先生的结论是：汉代一般小农之家，其收入中有近三分之二来自市场交换。他近乎愤怒地抨击了将中国古代硬说成欧洲封建社会式自给自足经济的观点，他说：“两千多年前，‘标准小农在种粮食而不是经济作物的情况下’，

① 许倬云：《求古编》，联经出版事业公司，1984 年版，第 554 ~ 555 页。

② 许倬云：《求古编》，联经出版事业公司，1984 年版，第 555 ~ 556 页。

三分之二‘都要进入市场流通领域’。如果考虑到不太‘标准小农’，再加上丝绸、棉花、茶叶、烟草、陶瓷、花卉、烧炭等产业，史料大量记载，成村、成乡、成地区，几乎100%的专业化商品生产，‘量变’足矣发生‘质变’了，怎么能和封建西欧不加分别，囫囵吞枣，愣说中国古代也是自给自足的自然经济呢?”①

中国自两千多年前就已经不是由彼此独立，自给自足的村落组成的“传统社会”，而是几乎将所有成员融入全国性市场网的农业性质的市场经济。与中国文字一样，这张无所不在的市场网是维系中国长期统一的重要力量。它历经千载，颠扑不破！

首先，依托于全国道路网形成了庞大的商品逐级集散机制。这个道路网可以追溯到战国时代，据《史记·货殖列传》，当时的全国道路网以长安与荥阳为两个中心，延四面八方展开。

秦汉时期的大都市，全都坐落于联络各地区的大小干道上。许倬云描述道：“汉代的大都市，全都在这一网络的干线道路上。由干线分叉，则是各地区性的道路网络，例如成都平原即有其以成都为中心，辐射四方的道路网。这些道路上的连接点或终点，即是郡、县所在的城市。在各地的城市，又各有其道路网，联系各处的乡聚。乡聚之下，又有分路岔道，通往大小农村……中国各地，经由市场网，有商品的集散与流通，市场网依附于道路

① 王小强：《最发达的市场经济》，《香港传真》，2011年1月31日号，第41~42页。

网，以经济交换之功能，将中国凝聚成为一个难以分割的经济共同体，其整合的坚实，竟可超越政治权力的统合。”①

中国秦汉经济体系的形成和发展同样得益于金融上的创新，即贱金属货币铜钱的大量使用，这可能是二十世纪七十年代纸币脱离金本位制以前最伟大的金融创新。

考古发掘和古籍记载都证实，战国时代已有大量铜制货币周流中国各地，铜币的使用一直持续到清代。李锦彰先生指出：“中国不仅最早只选用铜作为币材，而且从殷朝开始直到清朝中期的数千年漫长岁月中，金属铜一直持续不断地作为中华帝国的主要货币材料，这在世界货币史上是鲜有的。金、银、铁是在铜作为币材选择之后，作为辅助币材被使用的。黄金可能是进入铁器时代后，以它特有的稀缺性和充当储藏价值的适当性一直也作为货币使用，但一直没有像欧洲等世界其他民族或国家那样在相当长的时期将其作为货币主体。”②

与古代西方商品交换多用金银不同，铜币可用于小额贸易，能够将包括乞丐在内的最大多数民众卷入全国性大市场中，这是中国经济体系得以长期繁荣的关键，也是西方市场经济长期不发达的“金融瓶颈”。不幸的是，正是因为中国人用铜钱，马克斯·韦伯（Max Weber）在他的《中国的宗教》一书中就断言中国货币经济不发达，这完全是出于坐拥书城的学者对现实世界的

① 许倬云：《万古江河：中国文化的转折与开展》，2006年版，第84页。

② 李锦彰：《货币的力量》，商务印书馆，2004年版，第31页。

无知。1860年来华的英国传教士麦高温（John MacGowan）曾经深入考察过中国社会，他在1909年出版的《中国人生活的明与暗》中这样描述中国通货铜币："对大多数中国人来说，真正的流通货币是铜币。银两则被称为贵族货币，因为大宗买卖都是用银两来计算的，比如用于国家的税收、数额巨大的账目及土地的买卖等。在重大的政治交易中，涉及的金钱数额十分巨大，也只有银两才被作为双方认同的货币……铜币则只能算是平民货币了。它是穷苦人的伙伴，即使是乞丐，他的口袋里也会有几枚硬币。"①

麦高温不是经济学家，但他却比马克斯·韦伯更懂得经济学，因为单纯大量使用重金属会阻碍市场经济的发展，只要稍稍了解西方金融史的人都会明白这一点。王小强旁征博引，谈到西方金融上的落后时这样写道："据此推断，西方古代用金币交换商品，属于少数上等人的business，属于'以王公为中心的货币经济'。'他们的货币实际上没有深入民间；即到近代，还有许多人终生没有见过一次金币'……'第一个相对精确而又能保持重量的货币，就是1252年以后著名的佛罗伦萨金币'。后来英国皇室瞅着威尼斯发财眼热，三次引进金币，三次失败。'由于穷人的全部家当加起来还值不了一块金币，他们极有可能一辈子也用不上这样的金币'。西方'在技术意义上真正可靠的铸币只溯自

① 麦高温：《中国人生活的明与暗》，朱涛，倪静译，中华书局，2006年版，第181页。

17 世纪末’。”①

中国何曾有“自给自足的自然经济”？生产剩余产品的精耕农业、农舍手工业、遍布全国的市场网、铜币的长期大量使用，使中国早在两千多年前就产生了规模庞大的经济体系，并在其基础上，产生了复杂发展的中国古典经济学——轻重术。

## 三、轻重术仍然适用于当今时代

按照流行的线性进步史观，既然轻重术是农业时代的产物，它就会随着工业时代的到来被淘汰。这种简单看待现实的方式忽略了一个基本事实：现实是历史因革损益的结果，其中有“革”的因素在，也有“因”的因素在，事物的发展总是有因有革，有常有变的。在政治经济学领域，说到“常”，比如说市场的基本规律，管子时代与今天的市场规律并没有本质的不同；至于“革”，工业时代比农业时代的市场规模显然要大得多，也复杂得多。

所以，如果我们能看到轻重之术的合理内核，就会发现，轻重术是真正的政治经济学之“经”，它仍然适用于今天的信息化、智能化时代。

这里谨以轻重之术中的外贸理论（即中国古典外贸理论）为例，说明轻重之术实乃人类政治经济学之大道。

---

① 王小强：《最发达的市场经济》，《香港传真》，2011 年 1 月 31 日号，第 21～22 页。

**中国古典外贸理论的基本原则是“内守国财而外因天下”（语出《管子·地数第七十七》），核心观点是在保有国家财富的同时，也要学会从外部取得财富。与欧洲重商主义不同，这里的财富主要不是指奢侈品、贵金属和纸币，而是指重要的战略物资。**

中国古典外贸理论由来久远。现存最完整的轻重之术经典，《管子》轻重十六篇中的“伊尹之谋”“纂茈之谋”等就是以案例来说明“内守国财而外因天下”的道理。“伊尹之谋”可以上溯到商朝初年。

而且从战国至汉朝，从古代的中国至当代的美国，中国古典外贸理论一直为决策者有意识或无意识地应用着。

孔家多俊杰，从记录孔氏家族人物事迹的《孔丛子》中我们能明显看到这一点。《孔丛子·陈士义第十五》记述，战国末年，孔子八世孙孔谦（字子顺）在相魏期间曾作为使节出访赵国，当时赵孝成王在宴会上问子顺降北方游牧民族之计，孔谦的回答即是应用轻重之术，用通商的手段来诱降他们。赵孝成王担心通商会使自己的财货外流，子顺回答：如果我们是用无用的东西换取他们有用的东西，通商就是弱化北方游牧民族的办法。用子顺的话说就是：“夫与之市者，将以我无用之货取其有用之物，是故所以弱之之术也。”于是赵王追问：“什么是我们有用的东西，他们无用的东西呢？”子顺答道：“比如衣饰之物，如珍珠、美玉和各种丝织品；饮食之物，则有酒和各种美味商品。这是我们有的而他们认为有利可图的东西。北方游牧民族，有牛马、皮毛制品、弓箭等，这是他们富足而又轻易给人的东西。用我们有的来换取他们丰富的商品，那么他们的钱财就会浪费在衣食这样的消费品上，我们就会不战而屈人之兵。”（原文：魏王使相国修好邻国，遂连和于赵。赵王既宾之而燕，问子顺曰：“今寡人欲求北狄，不知其所以然。”答曰：“诱之以其所利而与之通市，则自至矣。”王曰：“寡人欲因而弱之，若与交市，分我国货散于夷狄，是强之也，可乎？”答曰：“夫与之市者，将以我无用之货取其有用之物，是故所以弱之之术也。”王曰：“何谓我之无用，彼之有用？”答曰：“衣服之物，则有珠玉五彩；饮食之物，则有酒醪五熟，此即我之所有而彼之所利者也。夷狄之货，唯牛马旃裘弓矢之器，是其所饶而轻以与人者也。以吾所有，易彼所饶，如斯不已。则夷狄之用将糜于衣食矣，殆可举棰而驱之，岂徒弱之而已乎？”）

赵孝成王是否与北狄通商，我们不得而知。不过在汉朝初期，这一政策似乎被完整地实施了。**在公元前 81 年的盐铁会议上，汉武帝时长期主持国家经济政策的桑弘羊将“内守国财而外因天下”的中国古典外贸理论精辟地概括为：“天下之下我高，天下之轻我重。以末易其本，以虚荡其实。”认为这样就能：“外国之物内流，而利不外泄也。异物内流则国用饶，利不外泄则民用给矣。”**

对于会上儒生片面强调农业作用的观点，桑弘羊以“富国何必用本农，足民何必井田”驳斥之。他指出：圣贤治家的方法不止是一种，使国家富裕的途径也非一个。从前，管仲筹策谋划辅助齐桓公成就了霸业，而纪氏由于只搞农业亡了国。如果为了一家人的生活必须从事农业，那么舜就不应该去制作陶器，伊尹也不应当去当厨师。所以善于治理国家的人，应该是天下人认为低贱的，他认为贵重；天下人所轻视的，他却重视。用工商业代替农业，用无用的东西换取有用的。现在从山林川泽取得的财富，实行均输法所获得的积累，是为了施用轻重之术来役使天下的诸侯。汝、汉一带的金子，各地进贡的丝织品，可以引诱外国人并换取胡、羌的珍贵财物。用我们两丈丝绸，就能得到匈奴的很多贵重物品，从而减少了他们的财物。这样，骡、驴、骆驼就可以成群结队地进到边塞之内，各种良马也都变成了我国的牲畜，鼠皮、貂皮、狐貉等各种贵重皮料，彩色的毡子，有花纹的毯子将充满皇宫里的仓库，璧玉、珊瑚、琉璃也都成了我国的宝贵物品。这样，外部的各种物品源源不断地运进来，而内地的财物不外流。外族的东西运进来，国家财用就充足，自己的财物不外流，人民家用就丰足。（原文："贤圣治家非一宝，富国非一道。昔管仲以权谲霸，而纪氏以强本亡。使治家养生必于农，则舜不甄陶而伊尹不为庖。故善为国者，天下之下我高，天下之轻我重。以末易其本，以虚荡其实。今山泽之财，均输之藏，所以御轻重而役诸侯也。汝、汉之金，纤微之贡，所以诱外国而钓胡、羌之宝也。夫中国一端之缦，得匈奴累金之物，而损敌国之用。是以骡驴馲驼，衔尾入塞，驒騱騵马，尽为我畜，鼲貂狐貉，采旃文罽，充于内府，而璧玉珊瑚琉璃，咸为国之宝。是则外国之物内流，而利不外泄也。异物内流则国用饶，利不外泄则民用给矣。”）

**东汉以后，轻重术及其中的中国古典外贸理论长期为人所忽视。造成这种现象的首要原因，是汉以后儒家思想居主导地位的长期大统一环境。西汉以后“管商”之术在儒家独大的学术氛围里，尽乎成为贬义词。**

中国古典经济思想成熟于春秋到秦汉长期的竞争环境，在汉武帝击垮匈奴后，中国周边的弱小民族显得过于落后，这使得《管子》轻重诸篇在相当程度上失去了用武之地。欧洲则不然，自古列国交锋，所以西方人注重经济竞争。梁启超明确地看到了这一点，他说：“我国自秦汉以后，为大一统之国者千余年，环列皆小蛮夷。其文物势力，不足与我相竞，故谋国者于对外政略，莫或措意焉。即有交涉，亦不过攻掠战争之事。若夫经济力之一消一长，能影响于一国之兴亡，此则秦汉以后之政治家外交家所未尝梦见也。欧洲则不然，彼自千年以来，皆列国并立，势均力敌，境壤相接，交通夙开，故其人之奋于商战也。”①

最早对轻重之术发难的当属魏晋时代的著名学者傅玄。他在《傅子》一书中称：“《管子》书，过半是后之好事者所知，《轻重篇》尤鄙俗。”② 近代西方经济思想涌入后，在西方学术统治中国教育机构和学术机构的大背景下，轻重术作为失去应用价值

① 梁启超，《饮冰室合集》第五册，中华书局，1989 年版，饮冰室专集之二十八，第 70 页。

② 刘治立：《〈傅子〉评注》，天津古籍出版社，2010 年版，第 145 页。

的“古董”被纳入经济思想史。

倒是美国自二战以后，就自觉或不自觉地运用中国古典经济理论。在国际贸易领域“以我无用之货取其有用之物”“以虚荡其实”，真正做到了“内守国财而外因天下”。在人类早已从根本上脱离了以物易物的商业时代，这里的“虚”主要指的是纸币，而“实”则指各种商品。

**二战以后，美国通过大量向世界市场注入美元，同时实施保护主义的贸易和投资政策，进而实现其“内守国财而外因天下”的战略目的。**

美国密苏里大学堪萨斯分校教授，独立金融和经济分析专家迈克尔·赫德森在《全球分裂：美国统治世界的经济战略》一书中，描述二十世纪六十年代末七十年代初美国与德国的贸易关系时写道：“新形势对于德国来说尤其棘手。德国外向型的发展繁荣成果被美国国库吸走了。德国工业雇用了来自土耳其、希腊、南斯拉夫及其他地中海国家的数以百万计的移民。到 1971 年为止，希腊人口中大约有 3% 生活在德国，他们生产汽车和其他出口商品，为德国公司赚取利润和外汇。许多私人公司从外销中获利。然而当大众汽车和其他商品运往美国时，德国经济却遭受了损失。公司可以用其收到的美元与德国央行兑换马克，因而可以确保外销的利润，但是德国央行只能用这些美元购买美国短期国库券和债券。1970 ~ 1974 年，当美元与马克相比贬值 52% 时，德国央行失去了其美元存款三分之一的价值，其主要原因是美国国内的通货膨胀侵蚀了美元 34% 的本国购买力。更糟糕的是，德国发现自己和日本、加拿大、瑞士一起为美国的国内外开支项目融资，包括东南亚战争和对以色列的军事支援，而他们是不愿支持美国的这些政策的。”①

所有这一切都不过是“纂茈之谋”的美国版本，美国正是用轻重之术宰制天下的。这则计谋大意是说：从前莱国擅长染色工艺，紫色的绢和紫青色的丝绦在莱国一纯只值一镏金子，而在周地则价值十斤黄金。莱国商人知道后，很快把紫绢收购一空。周国却拿出筹码（马）作为抵押，从莱国商人手里把紫绢收购起来，莱国商人只握有等于货币的筹码。因此莱国失掉了收集起来的紫绢，而只好用筹码收回钱币了。这则故事出《管子·轻重丁第八十三》，作者总结：“自故可因者因之，乘者乘之，此因天下以制天下。”

今天美国人手里没有“马”，他拥有的是同“马”本质一样的美元。

---

① 迈克尔·赫德森：《全球分裂：美国统治世界的经济战略》，中央编译出版社，2010 年版，第 19 页。

# 第二章　《管子》中的市场与调控

## 一、市场能够自组织，却不能自动实现均衡

和现代西方经济学一样，中国古典经济学轻重术也认为市场是一种资源配置方式和价格确定机制。市场的首要功能就是商品交换的场所，它使人们通过交换有无，合理利用资源。《管子·问第二十四》上说："而市者，天地之财具也，而万人之所和而利也，正是道也。"

《管子·乘马第五》认为没有市场就不能解决国计民生问题，上面说："无市则民乏矣。"因为市场会激起人们创造财富的精神动力，《管子·侈靡第三十五》上说："市也者，劝也。劝者，所以起。"

中国古典经济学认为，市场是价格形成的机制，市场管理一定要有计划，要努力防止大资本通过操纵市场获取暴利，那将是灾难性的。如果市场上物价较低，没有各种原因产生的暴利，对经济的正常发展就有利。所以，通过市场就能够知道一个国家的治乱兴衰。另外，先贤注意到市场并不具有直接生产功能，对一个社会来说，过度商品化显然是有害的。《管子·乘马第五》中有"务市事"一节，专门言此，上面说："市者，货之准也。是

故百货贱则百利不得，百利不得则百事治，百事治则百用节矣。是故事者生于虑，成于务，失于傲。不虑则不生，不务则不成，不傲则不失。故曰，市者可以知治乱，可以知多寡，而不能为多寡。为之有道。”就是说，市场是商品供求状况的标志。各种货物价格低廉，各种商业就不能获得暴利；各种商业无暴利，各项事业就都能搞好；各项事业搞好了，各项需求就都能得到适度满足。所以，事情总是产生于谋虑，成功于努力，失败于骄傲轻心。不谋虑则不能产生，不努力则不能成功，不骄傲轻心则不致失败。因此，通过市场，可以通晓社会的治乱，可以通晓物资的多寡，只是不能通过它创造物资的多寡而已。市场是有规律可循的。

与西方主流经济学假定市场会自动实现平衡不同，中国古典经济学轻重术强调市场具有自组织的功能，但却不能自动实现均衡，国家有培育、调控市场的责任。

历史经验告诉我们，不受干预的市场必然导致失衡，甚至是市场体系的萎缩和崩溃。熟谙金融市场的美国投资家乔治·索罗斯注意到，市场自我强化的趋势是一般规律，不是特例。谈到均衡概念的历史渊源及均衡理论的本质缺陷，他说：“再看看古典学派的经济学理论，其使用的均衡概念其实就是对牛顿物理学模仿的结果。在金融市场上，预期是起到关键作用的，如果认为市场会趋向均衡，那就是不符合现实的。理性预期理论更是离谱，认为营造了一个均衡成为常态的世界，在这个世界里，现实要服从于理论而不是理论去适应现实。”①

如果国家不能调控市场，由于市场本身的正反馈功能，商业阶层必然垄断市场，导致贫富不均、社会结构失衡。这时仅靠发行货币的办法刺激经济不行，还要用政治手段调节分配。《管子·国蓄第七十三》的作者写道：“凡将治国，不懂得轻重之术，就不能组织经济控制民众。不能够调剂民利，就不能讲求管制经济来实现国家大治。”所以，一个万乘之国如果出现了万金的大商贾，一个千乘之国如果出现了千金的大商贾，这说明什么呢?说明国家财利大量流失，这样臣子就不肯尽忠，战士也不肯效死了。年景有丰有歉，故粮价有贵有贱，号令有缓有急，故物价有高有低。

如果人君不能及时治理，富商就进出于市场，利用人民的困难，牟取百倍的厚利。相同的土地，强者善于掌握；相同的财产，智者善于收罗。往往是智者可以攫取十倍的高利，而愚者连本钱都捞不回来。如果人君不能及时调剂，民间财产就会出现百倍的差距。人太富了，利禄就驱使不动；太穷了，刑罚就威慑不住。法令的不能贯彻，万民的不能治理，是由于社会上贫富不均的缘故。而且君主经过计算度量，耕田垦地多少，本来是心中有数的。百姓口粮，也换算成每人一定亩数的土地。统计一下产粮和存粮本来是够吃够用的，然而人民仍有挨饿吃不上饭的，这是

① 乔治·索罗斯：《索罗斯带你走出金融危机》，刘丽娜，綦相译，机械工业出版社，2009 年版，第 58 页。

为什么呢？因为粮食被囤积起来了。君主铸造发行的货币，是民间的交易手段，这也算好了每人需要几百几千的数目，然而仍有人用费不足，钱不够用，这又是为什么呢？因为钱财被积聚起来了。所以，一个君主，如不能散开囤积，调剂余缺，分散兼并的财利，调节人民的花费，即使加强农业，督促生产，而且自己在那里无休止地铸造货币，也只是造成人民互相奴役而已，哪里谈得上国家大治呢？（原文：凡将为国，不通于轻重，不可为笼以守民。不能调通民利，不可以语制为大治。是故万乘之国有万金之贾，千乘之国有千金之贾，然者何也？国多失利，则臣不尽其忠，士不尽其死矣。岁有凶穰，故谷有贵贱；令有缓急，故物有轻重。然而人君不能治，故使蓄贾游市，乘民之不给，百倍其本。分地若一，强者能守；分财若一，智者能收。智者有什倍人之功，愚者有不赓本之事。然而人君不能调，故民有相百倍之生也。夫民富则不可以禄使也，贫则不可以罚威也。法令之不行，万民之不治，贫富之不齐也。且君引錣量用，耕田发草，上得其数矣。民人所食，人有若干步亩之数矣，计本量委则足矣。然而民有饥饿不食者何也？谷有所藏也。人君铸钱立币，民庶之通施也，人有若干百千之数矣。然而人事不及、用不足者何也？利有所并藏也。然则人君非能散积聚，钧羡不足，分并财利而调民事也，则君虽强本趣耕，而自为铸币而无已，乃今使民下相役耳，恶能以为治乎？）

《管子·揆度第七十八》更明确地指出，国家要参与到市场经济中，这样才能“调民利”。今天有人看到国家干预经济，动不动就以“与民争利”为由大加反对。这些人实际上反对的是国家与“富民争利”，目的是让富人与“人民争利”，在这个大是大非的问题上，我们一定要认识清楚。

市场不能调控，经济失衡，必然导致政治失衡、阶级分化，一个阶级压迫、剥削另一个阶级。若国家经济由商业阶层垄断，就会出现一国二君二王，利出二孔三孔的情况，结果是国家的衰亡。《管子・轻重甲第八十》上有一则管子与齐桓公的对话，讲的就是这个道理。管仲说：“万乘之国如有万金的大商人，千乘之国如有千金的大商人，百乘之国如有百金的大商人，他们都不是君主所依靠的，而是君主所应抑制的对象。所以，为人君而不严格注意号令的运用，那就等于一个国家存在两个君主或两个国王了。”（原文：管子曰：“万乘之国必有万金之贾，千乘之国必有千金之贾，百乘之国必有百金之贾，非君之所赖也，君之所与。故为人君而不审其号令，则中一国而二君二王也。”）

《管子・国蓄第七十三》从经济、军事的角度，进一步指出了国家不能调控市场的危害：经济权益由国家统一掌握，这样的国家强大无敌；分两家掌握，军事力量将削弱一半；分三家掌握，就无力出兵作战；分四家掌握，其国家一定灭亡。先王明白这个道理，所以杜绝商人谋取高利，限制他们获利的途径。（原文：利出于一孔者，其国无敌；出二孔者，其兵半诎；出三孔者，不可以举兵；出四孔者，其国必亡。先王知其然，故塞民之羡，隘其利途。）

**综上所述，中国古典经济学轻重之术实际上是主张“两手并**

**用”：一方面，通过市场这只“看不见的手”富民强国；另一方面，通过政府这只“看得见的手”及时防止市场失衡。反观一下在经济危机中挣扎的西方世界，我们就会看到，由于政治上有产阶层垄断国家政权，其衰亡的命运似乎很难扭转，因为当今世界上还没有什么力量能够“隘其利途”。**

面对市场无法自动实现均衡的特点，既然国家要“调通民利”，调控市场，那么其调控目标是什么？

轻重之术市场调控的目标不是增长，而是均平。

## 二、市场调控的目标不是增长，而是均平

上医医国，其次疾人。

中国学术大道一贯。**如同中医调治疾病，力求使体内的阴阳达到平衡一样，轻重术调控市场的目标也是社会系统的整体动态平衡，即百姓均平。中国古代政治学元典《黄帝四经·道法》所谓：“应化之道，平衡而止。”**

从孔子到管子，先贤对百姓均平的孜孜以求，反映出均平是国人思维方式和价值体系的核心。孔子有一句流传极广的话：“丘也闻有国有家者，不患寡而患不均，不患贫而患不安。”（《论语·季氏篇第十六》）

在中国人的哲学观念中，不是单向度的增长，平衡才是“好”的。美国物理学家卡普拉谈到中国哲学的阴阳概念时写道：“按照中国人的观点，道的所有表现都是由这些原始模型两极之间动态的相互作用产生的。这两极与自然和社会生活中许多对立

的象征有关。对西方人来说，要理解这些对立面并非属于不同的范畴，而只是一个整体的极端，既重要又困难。没有任何事物只是阴或只是阳。一切自然现象都是这两极之间不断振荡的表现，所有的转变都是逐渐发生，持续不断发展。自然的秩序就是阴与阳之间的动态平衡……在中国文化中，阴阳从不涉及任何伦理价值。所谓‘好’，既非指阴也非指阳，而是指两者之间的动态平衡；而所谓‘坏’或有害，则是指失去平衡。”①

在政治经济实践中，社会系统的均平是多维的。包括人与自然的平衡、社会各阶层的平衡、商品与货币的平衡、国内外物价的平衡等方方面面。轻重之术运用之妙，存乎一心。

——这个“心”，就是损有余补不足的天之道！

关于损有余补不足的哲学意义，《老子·第七十七章》阐述得最为清楚。上面说：“天之道，其犹张弓与？高者抑之，下者举之，有余者损之，不足者补之。天之道，损有余而补不足。人之道，则不然，损不足以奉有余。孰能有余以奉天下，唯有道者。”文中将损有余补不足称为天之道，天道就如同拉弓射箭，抬得太高的就要让他低下些，抬得太低就举高它，以便保持平衡。这也是中医的核心理念，通过对体内有余和不足的调节，损有余而补不足，来实现人体的阴阳动态平衡。

中医原典《黄帝内经·素问·玉版论要篇第十五》记有一则

---

① F. 卡普拉：《转折点——科学、社会和正在兴起的文化》，卫飒英、李四南译，四川科学技术出版社，1988 年版，第 17～18 页。

黄帝与岐伯间的对话，讲“以平为期”的治疗原则。黄帝道：“诊察的方法怎样?”岐伯说：“必先度量病人的身形肥瘦，了解它的正气虚实，实证用泻法，虚症用补法。但必先去除血脉中的凝滞，而后调补气血的不足，不论治疗什么病都是以达到气血平衡为准则。”（原文：帝曰，以候奈何？岐伯曰，必先度其形之肥瘦，以调其气之虚实，实则泻之，虚则补之。必先去其血脉而后调之，无问其病，以平为期。）

**损有余补不足用于治道，与中国古典经济学注重社会系统的差序有关。先贤认为人生来是不平等的，总会存在“有余”和“不足”，只有站在整体角度去调节才能实现社会系统的平衡。**《盐铁论·轻重第十四》雄辩地指出了在社会政治经济失衡的条件下，国家行损益之道的重要性，上面说：池塘里有猵獭，鱼类就不得安宁，国家有了豪强恶霸，百姓会吃尽苦头。所以，茂密的树林下没有繁盛的青草，大土块里长不出好禾苗。治理国家的方法，首先要肃清奸邪、铲除豪强，这样，百姓才能贫富均平、安居乐业。

张廷尉修改法令，用严法来治理天下，制裁奸商恶霸，消灭兼并土地的歹徒，使力强的不敢欺负力弱的，人多的不敢欺凌人少的。大夫君桑弘羊想方设法筹集国家费用，垄断天下盐铁等利益，排挤富商大贾的势力，用买官、赎罪的办法来削减有钱的人，补贴贫乏的人，从而使百姓贫富均平。所以用兵东征西讨，没有增加税收而费用仍然充足。损彼益此之道，聪明的人都看得清清楚楚，而不是一般人所能理解的。（原文：水有猵獭而池鱼劳，国有强御而齐民消。故茂林之下无丰草，大块之间无美苗。夫理国之道，除秽锄豪，然后百姓均平，各安其宇。张廷尉论定律令，明法以绳天下，诛奸猾，绝并兼之徒。而强不凌弱，众不暴寡。大夫君运筹策，建国用，笼天下盐铁诸利，以排富商大贾，买官赎罪，损有余，补不足，以齐黎民。是以兵革东西征伐，赋敛不增而用足。夫损益之事，贤者所睹，非众人之所知也。）

中国哲学重差序的观念可以上溯到中华文明的根——礼制。《礼记·曲礼上第一》说："夫礼者，所以定亲疏，决嫌疑，别同异，明是非也。"《礼记·乐记第十九》也说："乐者为同，礼者为异。同则相亲，异则相敬……礼义立，则贵贱等矣。"

《管子·乘马第五》认为，正是因为社会差序的存在，一个社会才能完好地运行，但这种社会差序一定要公正。上面说，朝廷是义的体现。所以，朝廷爵位安排正确，人民才不会怨恨，人民没有怨恨，就不会作乱，然后，义才可以体现。如果安排不公正，就不可能体现。看来，一国之人不可能都尊贵，都尊贵了，事情不好办，还对国家不利。正因为事情不好办对国家不利，若没有少数人尊贵，人们是不能自己管理自己的。所以，分清爵位的高低，人们才知道先后的次序和贵贱的道理，管理起来也有规可循。（原文：朝者，义之理也。是故，爵位正而民不怨；民不怨则不乱，然后义可理。理不正，则不可以治，而不可不理也。故一国之人，不可以皆贵。皆贵，则事不成而国不利也。为事之不成，国之不利也，使无贵者，则民不能自理也。是故，辨于爵列之尊卑，则知先后之序，贵贱之义矣，为之有道。）

农业时代，粮食是最重要的生产生活资料，所以古人重视调节粮食价格，以实现各阶层利益均平。据《越绝书·越绝计倪内经第五》载，越王勾践曾问计然：“为何在丰收之年，仍会有贫困乞讨的人的人呢?”计然回答：“这是因为人的天性就不一样，正如同母异父之人，一举一动都不同一样，所以由于各种原因有些人会陷入贫困，关键在于维系社会各阶层利益的整体平衡。”于是计然提出了有名的平粜理论，就是开官市，使买入粮食的价格最高不能超过石米八十，最低不能低于石米三十。这样，社会上两个主要阶层农夫与商人的利益就均衡了。（原文：“越王曰：‘善。今岁比熟，尚有贫乞者，何也?’计倪（即计然——笔者注）对曰：‘是故不等，犹同母之人，异父之子，动作不同术，贫富故不等。如此者，积负于人，不能救其前后。志意侵下，作务日给，非有道术，又无上赐，贫乞故长久。’越王曰：‘善。大夫佚同、苦成，尝与孤议于会稽石室，孤非其言也。今大夫言独与孤比，请遂受教焉。’计倪曰：‘籴石二十则伤农，九十则病末。农伤则草木不辟，末病则货不出。故籴高不过八十，下不过三十，农末俱利矣。故古之治邦者本之，货物官市开而至。’”）

轻重之术实现百姓均平的方式多种多样，比如反对商人参政，自然资源国有，对富人收重税，财政转移支付等。《管子》对于人类生产生活必需的木材十分重视，主张森林国有，认为这是去兼并，实现百姓均平的重要方面。《管子·轻重甲第八十》

引管子言曰："故为人君而不能谨守其山林、菹泽、草莱，不可以立为天下王……山林、菹泽、草莱者，薪蒸之所出，牺牲之所起也。故使民求之，使民籍之，因此给之。"这是说，君主不能严格控制山林、沼泽和草地，就不能成就王业。因为山林、沼泽和草地是出产柴薪的地方，也是出产牛羊等祭祀用物的地方。所以，应当让百姓到那里去开发，去追捕渔猎，然后由政府作价卖给他们。

除了森林国营，《管子》还主张按纳税人的实际承受能力收取木材使用税，使富者纳税多，贫者纳税少，以求百姓均平。

需要特别指出的是，中国古典经济学讲的平衡包括人类社会与自然间的平衡，这要求节制消费，取民有度。今天西方泛滥的消费主义看不到自然资源的有限性，已经到了威胁人类整体生存的地步，反观轻重术思想，我们不得不三思。

《管子·权修第三》在强调人力、物力的有限性之后，警告统治者（财政上）节制消费，否则即使国家地大物博也极其危险。上面说：土地生产财富受时节的限制，人民花费劳力有疲倦的时候，但是人君的欲望则是无止境的。以"生财有时"的土地和"用力有倦"的人民来供养欲望无穷的君主，这中间若没有一个合理的限度，上下之间就会互相怨恨，于是臣杀其君、子杀其父的现象产生了。因此，对人民征收有度，消费又有节制的，国家虽小也一定安宁；对人民征收无度，消费没有节制的，国家虽大也一定危亡。（原文：地之生财有时，民之用力有倦，而人君之欲无穷。以有时与有倦，养无穷之君，而度量不生于其间，则上下相疾也。是以臣有杀其君，子有杀其父者矣。故取于民有度，用之有止，国虽小必安；取于民无度，用之不止，国虽大必危。）

《管子·权修第三》指出节制消费是政治稳定的基础，这与今天许多人将刺激消费、经济增长作为政权合法性、政治稳定的基础完全不同。上面说：土地开辟了，而国家仍然贫穷，那是君主的舟车过于豪华、楼台亭阁过多的原故。赏罚分明而兵力仍然薄弱，那是轻易兴师动众、使民过劳的原故。因为舟车豪华、楼台亭阁过多，就会使赋税繁重；轻易兴师动众，使民过劳，会造成民力枯竭。赋税繁重则人民怨恨朝廷，民力枯竭则政令无法推行。人民怨恨，政令不行，而求敌国不来侵略，那是办不到的。（原文：地辟而国贫者，舟舆饰、台榭广也；赏罚信而兵弱者，轻用众、使民劳也。舟车饰、台榭广，则赋敛厚矣。轻用众、使民劳，则民力竭矣。赋敛厚，则下怨上矣。民力竭，则令不行矣。下怨上，令不行，而求敌之勿谋己，不可得也。）

“舟舆饰、台榭广”，必然浪费大量人力、物力资源，而像重要建设材料树木，需数十年甚至上百年才能成材，所以，不可随意采伐，**要实现自然与人类间的动态平衡，还要学习轻重之术，从消费入手，这是治本之策。**

## 三、市场商品与货币双向调节的重要性

行轻重之术，商品和货币储备是先决条件，因为只有充足的储备才能敛散有余，调节有力，实现百姓均平，国家富强。王季

思先生在《读俞寰澄先生著〈管子之统制经济〉》一文中释轻重之术云："所谓轻重，约言之，是以政府的权力看物价的贵贱，因时因地，或敛或散，以稳定物价，保持物资。一方面，可以防止豪商屯户之兼并，使社会上不致有大贫大富之存在，为国家分裂变乱之主因；另一方面，使国家的财源不至匮乏，以自立于不败之地步。"①

所以，中国古典经济学轻重之术重储备，特别是基本商品（在农业时代主要是粮食）和货币的储备。《管子·国蓄第七十三》开篇就讲商品和货币储备的重要性，认为这是驭民的根本。上面说：国家有十年的粮食贮备，而人民的粮食还不够吃，人民就想用自己的技能求取君主的俸禄；国君有经营山海（盐铁专卖）的大量收入，人民的用度还不充足，人民就想用自己的功业换取君主的金钱。所以，国君能控制粮食、掌握货币，依靠国家的有余控制民间的不足，人民就没有不依附于君主的了。粮食，是人民生命的主宰；货币，是人民的交易手段。所以，善于治国的君主，掌握他们的流通手段来控制主宰他们生命的粮食，就可以最大限度地使用民力了。（原文：国有十年之蓄，而民不足于食，皆以其技能望君之禄也；君有山海之金，而民不足于用，是皆以其事业交接于君上也。故人君挟其食，守其用，据有余而制不足，故民无不累于上也。五谷食米，民之司命也；黄金刀币，

① 司马琪主编：《十家论管》，上海人民出版社，2008 年版，第 157 页。

民之通施也。故善者执其通施以御其司命，故民力可得而尽也。）

《管子·事语第七十一》以更为精练的语言谈储备的重要性时说：“非有积蓄，不可以用人，非有积财，无以劝下。”

如何用商品和货币双向调节市场？就是《管子·国蓄第七十三》讲的，市场上商品丰富、价格低廉时政府收购，商品匮乏、价格居高位时政府卖出，通过这种操作稳定市场，获取财政收入。

《管子·山至数第七十六》对双向调节市场做了更为精彩地论述，主要包括国内市场和国际市场两个方面，都是以经济手段为主，行政手段为辅——先国内再国外。

国内政策的关键是在低价时收购，高价时卖出低价收购的商品，所谓“藏轻，出轻以重”；国外政策的关键是以高价吸纳诸侯国的战略物资谷物，所谓“以重藏轻”。二者是相互关联的，上面引桓公与管子对话：

桓公问管仲：“保证终身享有天下而不失。有办法做到吗？”管仲回答：“这办法不要先在普天下实行，只可先在本国实行。”桓公说：“什么意思？”管仲回答：“国内土地的大小和土壤的肥瘠是有定数的，全年粮食的消费和剩余也有定数。主持国政，只需经营好粮食就行。就是说，无论某县的土地多大，无论某县多小，都必须有一笔货币储备。在该县州里向农民贷放公款。到了大秋，粮价下降三分之一，国君下令通告郡县属大夫管辖的里邑都来向政府交售粮食。粮价与时价相同，国家把粮食贮藏起来。结果，国内粮食如果算作三分，有二分掌握在国家手里。第二年春天，粮价成倍上涨，就是因为此法。夏天，便把粮食按市价发放民间，此时百姓正需要粮食经营农事。到了大秋，就对农民说：‘过去存在你手里的粮食是多少，现在国家要求折成钱数归还。’百姓说：‘手里无钱只好还粮。’结果农民剩下的十分之三的粮食又归国家了。这样，利用粮价的上涨，掌握季节的变化，无不是国家的理财之道。君主取用大夫的存粮，是通过流通拿到国家手里的。取用百姓的粮食，是通过季节价格变化拿到手里的。囤积低价的粮食，再用高价卖出去，是十分有用的办法。这样做，哪里还容有自谋私利的大夫独自囤粮食呢？至于各诸侯国的粮食，如果他们的粮价是十，我们是二十，那么各诸侯国的粮食就流归我国了。如果他们是二十，我们是十，我们的粮食就流归各诸侯国了。所以，善治天下者，必须严守高价流通政策，各诸侯国就无法泄散我国的粮食。粮食流向高价的地方，犹如水往低处流一样。我们国家并不是发生灾荒，而是投放货币加以囤积，使粮价加倍提高，所以各诸侯国的粮食就进来了。这相当于我们藏一分可以吸取各诸侯国的一分。财利不致被外国所夺，大夫也不能占有粮食过多。这种‘以重藏轻’的政策，使国家可以常保十个财政年度的收入。所以诸侯服从而不会发生征战，本国臣民也会忠心耿耿。这就是以轻重之术驾驭天下的办法。”（原文：桓公又问管子曰：“终身有天下而勿失，为之有道乎？”管子对曰：“请勿施于天下，独施之于吾国。”桓公曰：“此若言何谓也？”管子对曰：“国之广狭、壤之肥墝有数，终岁食余有数。彼守国者，守谷而已矣。曰：某县之壤广若干，某县之壤狭若干，则必积委币，于是县州里受公钱。泰秋，国谷去参之一，君下令谓郡、县、属大夫里邑皆籍粟入若干。谷重一也，以藏于上者，国谷三分则二分在上矣。泰春，国谷倍重，数也。泰夏，赋谷以市樻，民皆受上谷以治田土。泰秋，田：'谷之存子者若干，今上敛谷以币。'民曰：'无币以谷。'则民之三有归于上矣。重之相因，时之化举，无不为国策。君用大夫之委，以流归于上。君用民，以时归于君。藏轻，出轻以重，数也。则彼安有自还之大夫独委之？彼诸侯之谷十，使吾国谷二十，则诸侯谷归吾国矣。诸侯谷二十，吾国谷十，则吾国谷归于诸侯矣。故善为天下者，谨守重流，而天下不吾泄矣。彼重之相归，如水之就下。吾国岁非凶也，以币藏之，故国谷倍重，故诸侯之谷至也。是藏一分以致诸侯之一分。利不夺于天下，大夫不得以富侈。以重藏轻，国常有十国之策也。故诸侯服而无正，臣从而以忠，此以轻重御天下之道也。"）

请注意，对外贸易中"以重藏轻"是相对的，价格不能过高，还要和各国的物价保持齐准，否则外国商品可能会倾销到我国市场。《管子·山权数第七十五》上说："物价的水平要与别国保持一致。因为商品价格偏高，别国就可能来倾销射利；商品价格偏低，物资会泄散外流。所以要注意比价一致。物资泄散外流，就等于本国失权；被人射利，就等于本国失策了。"（原文：物重与天下调。彼重则见射，轻则见泄，故与天下调。泄者，失权也；见射者，失策也。）

总之，轻重术干预市场的办法主要是通过控制货币与商品

（粮食）来进行，这种双向调节比单纯靠货币调控更灵活、更实用。在此意义上，从粮食市场到房地产市场，轻重之术商品与货币双向调节的方法值得决策者的更多重视——它告诉我们一个重要真理，对于经济这样复杂的系统，阴阳之道同样重要。

# 第三章　超越计划与市场：国家的参与

## 一、市场之道：公私相分，国家对经济的参与

中国本土的学术语言能更清楚表达自己的经济思想轻重术，遵循无为的自然大道，使民自循、自试（使）、自至。

《经言》中的《形势第二》专讲经世济民的规律，上面说："上无事而民自试""召远者使无为焉"。《形势解第六十四》对这两句话做了详尽的解释：

"明主之治天下也，静其民而不扰，佚其民而不劳。不扰则民自循；不劳则民自试。故曰：'上无事而民自试。'"

意思是说，英明君主治理天下，使人们安定而无所干扰，使人们安闲而无所劳累。不干扰，人民会自动守法；不劳累，人民会自动工作。所以："上无事而民自试。"

"民，利之则来，害之则去。民之从利也，如水之走下，于四方无择也。故欲来民者，先起其利，虽不召而民自至。设其所恶，虽召之而民不来也。故曰：'召远者使无为焉。'"

人民，有利则来，有害则去。人民趋利，就像水往下流一样，不管东西南北。所以，要招来民众，先创造对他们有利的条件，虽不招而民自至。如对他们有害，虽招而不来。所以："召远者使无为焉。"

上述"富国安民"的基本原则在司马迁看到的《乘马》《九府》《轻重》三书中得到了充分说明。《乘马第五》区分了"无为"的帝、王、霸三个不同层次，上面说："无为者帝，为面无以为者王，为而不贵者霸。"

《揆度第七十八》谈到发挥人民的主观能动性时，从储备、调节（夺予）和自使三方面递进说明的。上面说："要做到一年耕种，够五年吃，就把粮价提高五倍来促进；要做到一年耕种，够六年吃，就把粮价提高六倍来促进。若能这样，两年耕作的产量就可能够十一年消费了。对富者能够夺取，对贫者能够给予，才能够主政天下。而对天下的人们，能使之安于这项政策，遵行这项政策，这样就可以统一天下。对于天下的人们，驱使他们不要明确表示驱使，利用他们不要明确表示利用。因此，善于治理天下的君主，不直接说出驱使的语言，使百姓不得不为所驱使；不直接说出利用的语言，使百姓不得不为所利用。"（原文：一岁耕，五岁食，粟贾五倍。一岁耕，六岁食，粟贾六倍。二年耕而十一年食。夫富能夺，贫能予，乃可以为天下。且天下者，处兹行兹，若此而天下可一也。夫天下者，使之不使，用之不用。故善为天下者，毋曰使之，使不得不使；毋曰用之，用不得不用也。”）

《轻重》书中，《轻重己》开篇就指出道法天地、因时制事的重要性。上面说：“清神生心，心生规，规生矩，矩生方，方生正，正生历，历生四时，四时生万物。圣人因而理之，道遍矣。”

作为黄老思想的重要经典，《管子》中富国安民的无为之道同《老子》相通，只不过《老子》一书的记述更为精练，更加哲理化。

《老子·第三十七章》：“道恒无为，侯王若守之，万物将自为。”

《老子·第五十七章》：“我无事而民自富，我无为而民自化，我好静而民自正，我无欲而民自朴。”

《老子·第三章》：“为无为，则无不治。”

《老子·第六十三章》：“为无为，事无事。”

需要指出的是，先贤讲的“无为”，实际是“为无为”，不是什么事都不做，对包括市场在内的一切都采取自由放任的态度，而是按照自然秩序，行因应之道。

所以，《管子》一方面强调市场经济的重要性；另一方面，又要节制资本，防止不受约束的商业阶层破坏社会整体的平衡。

人们交易有无，就要有市场，市场是满足生产生活需要的重要制度。但市场的作用远非如此，它还有直接促进生产的作用。《管子》强调，“聚者有市，无市则民乏”。（《乘马第五》）“（市者）天地之财具也，而万人之所和而利也。”（《问第二十四》）“市也者，劝也。劝者，所以起。本善而末事起。”（《侈靡第三十五》）

经济市场中，要防止大的商业资本破坏社会整体的均衡。《国蓄第七十三》中说：“是故万乘之国有万金之贾，千乘之国有千金之贾，然者何也？国多失利，则臣不尽其忠，士不尽其死矣。”《揆度第七十八》还说：“国之财物尽在贾人，而君无策焉。”

《管子》不断强调节制资本，去兼并（并兼）的意义，防止兼并后来成为历代政治家关心的问题。《轻重甲第八十》中说：“今欲调高下，分并财，散积聚。不然，则世且并兼而无止，蓄余藏羡而不息，贫贱鳏寡独老不与得焉。”《轻重乙第八十一》还说：“吾欲杀正商贾之利而益农夫之事。”

反映到具体政策上，《管子》一方面反对后世许多儒家以轻税为特征的自由主义小农经济；另一方面，反对施行指令性的经济管理模式，认为“官百能”会使人失去积极性。

《立政第四》上指出发展水利、畜牧业、林业、工业等“五事”同样重要，光实行轻税政策不行。上面说：“国之所以富贫者五，轻税租，薄赋敛，不足恃也。”《山至数第七十六》通过对虚拟人物梁聚轻税思想的批判，指出政府必须集中财力，才能实现国家的强大。《管子》反对轻税并不意味着主张收重税，在中国古典经济理论中，税收调节社会财富的作用显然没有西方社会中那样突出，难怪梁启超称《管子》以不收租税为基础的财政政策为“无税主义。”

《山至数第七十六》借齐桓公与管仲的对话：“桓公问管仲说：‘梁聚对我讲：古时实行轻税而薄征，这算是税收政策中最适宜而易行的了。梁聚的意见如何？’管仲回答：‘梁聚的话不对。轻赋税则国家仓廪空虚，薄征收则兵器工具不足。兵器、工具不足则皮、帛不能出口，国家仓廪空虚则战士低贱无禄。对外，皮货和丝帛不能输出于天下各国；对内，战士又处境低贱。梁聚的话明显是错误的。’”（原文：桓公问管子曰：“梁聚谓寡人曰：‘古者轻赋税而肥籍敛，取下无顺于此者矣。’梁聚之言如何？”管子对曰：“梁聚之言非也。彼轻赋税则仓廪虚，肥籍敛则械器不奉。械器不奉，而诸侯之皮币不衣；仓廪虚则倳贱无禄。外，皮币不衣于天下；内，国倳贱。梁聚之言非也。”）

《山至数第七十六》接着驳斥了“请士”“官百能”思想，它在某种程度上反映了西周官营手工业体制的解体。上面说：“桓公又问管仲：‘一个叫请士的人对我说：何以不对各种有才能的人进行管束？’管仲说：‘何谓管束有才能的人？’桓公说：‘就是为了使智者全部拿出智慧，谋士全部拿出谋略，百工全部拿出技巧。这样做就可以治国吗？’管仲回答：‘请士的话是错误的。俸禄轻，士人就不肯死难；币值低，士人就轻视奖赏；物价低，谋生易，士人就苟且偷生。国家有此三种怠惰现象，还有什么办法呢？如果把粮食的七成操纵在国家手里，只让三成在下面流通，谋士就可以用尽他们的谋略，智士就可以用尽他们的智慧，勇士也就不惜生命了，请士之言不对。’”（原文：桓公又问于管子曰："有人教我，谓之请士。曰：'何不官百能？'"管子对曰："何谓官百能？"桓公曰："使智者尽其智，谋士尽其谋，百工尽其巧。若此则可以为国乎？"管子对曰："请士之言非也。禄肥则士不死，币轻则士简赏，万物轻则士偷幸。三怠在国，何数之有？彼谷十藏于上，三游于下，谋士尽其虑，智士尽其知，勇士轻其死。请士所谓妄言也。"）

不仅对士阶层，《管子》的作者还反对用计划经济的方法，征发普通百姓进行生产，认为那样会导致百姓对政府的痛恨，人心涣散。最好的办法是让民间商业自由发展，政府调节市场。《管子·轻重乙第八十一》在论及"官山海"的具体政策时，以铁的生产为例说："桓公说：'衡要我下令砍伐树木，鼓炉铸铁，这样就可以不征税而保证财用充足。'管仲回答：'不可以。如果派罪犯去开山铸铁，那就会逃亡而无法控制。如果征发百姓，人们会怨恨国君；一旦边境发生战事，则必怀宿怨而不肯为国出力。开山冶铁未见其利，而国家反遭内败了。所以，不如交给民间经营，算好它的产值，计算好盈利，由百姓分利七成，君主分利三成。国君再把轻重之术运用在这个过程，用价格政策加以掌握。这样，百姓就奋力劳动甘心听令了。'"（原文：桓公曰，"衡谓寡人曰：'……请以令断山木，鼓山铁。是可以无籍而用尽。'"管子对曰："不可。今发徒隶而作之，则逃亡而不守；发民，则下疾怨上，边竟有兵则怀宿怨而不战。未见山铁之利而内败矣。故善者不如与民，量其重，计其赢，民得其十，君得其三。有杂之以轻重，守之以高下。若此，则民疾作而为上虏矣。"）

管子这种公私相分、公私兼顾的产业模式，不直接税于民的财政思想历史上影响深远，民间将管子奉为“盐神”，至今香火不绝。汉武帝时代，管子盐铁专卖、公私兼顾的思想仍在相当程度上得到了贯彻。当时桑弘羊主掌经济，他一方面抑制兼并，防止剥削（役利细民）；另一方面，将孔仅、东郭咸阳那样的商人吸纳进政府，让他们为国效力，其治绩是显著的。

据《史记·平准书》载（公元前117年，汉武帝元狩六年），“大农奏上盐铁丞孔仅、东郭咸阳的话说：‘山海是天地藏物的大仓库，都应该属于少府，陛下不为私有，命属于大农作为赋税的补充。请准招募百姓自备经费，使用官府器具煮盐，官府供给牢盆。一些浮游无籍的人欲独占山海的利益，求取财富，奴役贫民取利。他们阻挠此事的议论，听不胜听。建议敢于私铸铁器、煮盐的，左脚戴上脚镣，没收其器物用具。不产铁的郡设置小铁官，隶属于所在县。’于是使孔仅、东郭咸阳乘着传舍的车子到各地去督促实行官办盐铁，建立官府，除授原来经营盐铁的富家为吏。”（原文：大农上盐铁丞孔仅、咸阳言：“山海，天地之藏也，皆宜属少府，陛下不私，以属大农佐赋。愿募民自给费，因官器作煮盐，官与牢盆。浮食奇民擅管山海之货，以至富羡，役利细民。其沮事之议，不可胜听。敢私铸铁器煮盐者，釱左趾，没入其器物。郡不出铁者，置小铁官，便属在所县。”使孔仅、东郭咸阳乘传举行天下盐铁，作官府，除故盐铁家富者为吏。）

综上所述，超越计划与市场的形而上学争论，我们看到了《管子》轻重诸篇中蕴含的市场之“道”——公私相分，国家参与其中并主导的经济——那里的私有产权不是绝对的，那里的市场不是放任的。

## 二、自然原则：按自然时序和生产能力组织经济生活

东西方经济理论都承认资源的稀缺性。中国古典经济理论直接将环境纳入经济体系之中，以自然原则作为经济生活的第一要素，因顺自然，按照自然的生产能力和时序进行生产。

中国古代有许多法规规定不准对自然资源过度开发和利用，从周代直到清代，历朝历代几乎都有这样的法规条文。《礼记·祭义第二十四》直接将环保与道德联系起来，认为不按自然生产的时节利用自然资源违背基本人伦——孝道。上面引孔子的话说："断一树，杀一兽，不以其时，非孝也。"

《管子》轻重诸篇确实有一些错简重复，不过仍不失为一个首尾呼应的完整理论体系。《巨乘马第六十八》开篇就讲按照自然季节生产的重要意义。文中从国家经济计划的角度，论及违背农时的可怕后果，上面说："冬至后六十天地面解冻，到七十五天地下解冻。地下解冻才可以种谷，过冬至一百天就不能再种，所以春耕春种必须在二十五天内完成。现在君上修建扶台，国内五方的民众都来服役。过了春天还不下令停止工程，百姓就失去了春耕二十五天的时机，五方之地就成为废弃之地了。征发一人的徭役，百亩地不得耕种；征发十人，千亩不得耕种；征发百人，万亩不得耕种；征发千人，十万亩不得耕种。春季已失去了那个'二十五天'，夏天又再来征发徭役，这就是春天误了种地，

夏天误了耘苗，秋天再无休止地征发，这叫粮食、土地不断地丧失。种谷既已延误了农时，官吏又在不停地征税，农民吃用粮食通常只有收成的一半，现今却被君主拿去了九成。此外，官吏收税还要求交纳现钱。这些便是暴乱和刑罪增加的原因。如随之以暴力镇压，就要发生'内战'了。”（原文：日至六十日而阳冻释，七十五日而阴冻释。阴冻释而秇稷，百日不秇稷，故春事二十五日之内耳也。今君立扶台、五衢之众皆作。君过春而不止，民失其二十五日，则五衢之内阻弃之地也。起一人之繇，百亩不举；起十人之繇，千亩不举；起百人之繇，万亩不举；起千人之繇，十万亩不举。春已失二十五日，而尚有起夏作，是春失其地，夏失其苗，秋起繇而无止，此之谓谷地数亡。谷失于时，君之衡藉而无止，民食什伍之谷，则君已籍九矣，有衡求币焉，此盗暴之所以起，刑罚之所以众也。随之以暴，谓之内战。）

《管子》最后一章《轻重己第八十五》讲按季节推行政治经济政策的“月令”体系。它正好与《巨乘马第六十八》开篇相呼应。

自然原则要求国家的经济政策与自然规律相适应，按自然时序依法保护环境，同时国家垄断自然资源，防止人与人之间的互相剥削，二者相辅相成。《管子·山国轨第七十四》一书称之为“轨守其时，有官天财”。《盐铁论·力耕第二》桑弘羊所谓：“王者塞天财，禁关市，执准守时，以轻重御民。”

实践自然原则还要求国家按季节调控市场需求，这在中国长期的农业社会中极为重要的，它与西方经济学自由主义传统大相径庭。《山国轨第七十四》指出国家要按时节储备好必需的生产资料，人民需要时就租给他们，以防止富民剥削贫民的事发生。

“管仲说：‘除春天是人民种地与服徭役的时节外，夏天要明令规定何时禁止、何时开发山泽，秋天与冬天也都要明令规定何时禁止、何时开发山泽，这都是富民乘时控制市场的时节，这又是物价涨落、贫富兼并的时节。君主一定要注意掌握四务。’桓公接着说：‘什么叫四务？’管仲回答：‘大春，人民将用的东西，君主早有贮备了；大夏，人民将用的东西，君主早有贮备了；大秋，人民将用的东西，君主早有贮备了；大冬，人民将用的东西，君主早有贮备了。大春，安排农事的时候就计算好：春天的夹衣、夏天的单衣、竿子、篮子、绳子、畚箕、口袋、筐子、竹盒、捆绳等物品，使用多少天，使用的人有多少。凡无钱的农家都可以租借这些工具器物：口袋、筐子、竹盒、绳子和公衣等，完工后归还公家，并毁掉合同。所以，劳力出自百姓，器用出自国家。’”（原文：管子对曰：“泰春民之功繇；泰夏民之令之所止，令之所发；泰秋民令之所止，令之所发；泰冬民令之所止，令之所发。此皆民所以时守也，此物之高下之时也，此民之所以相并兼之时也。君守诸四务。”桓公曰：“何谓四务？”管子对曰：“泰春，民之且所用者，君已廪之矣；泰夏，民之且所用者，君已廪之矣；泰秋，民之且所用者，君已廪之矣；泰冬，民之且所用者，君已廪之矣。泰春功布日，春缣衣、夏单衣、捍、笼、累、箕、縢、籝、筲、稷，若干日之功，用人若干，无赀之家皆假之械器，縢、纂、笥、稷、公衣，功已而归公，折券。故力出于民，而用出于上。”）

中国古典经济理论中，国家的作用是显著的。因为国家是代表人民的有机体，不是人与人简单的相加，国家是有自己的意志和利益，并通过政治（政令）的形式体现出来。

老子说：“三生万物。”这里的“三”是超越阴阳二气、代表整体的中和之气。现实中，国家是生生不息，可持续发展的“中气”，如果经济生活中国家起不到应对环境挑战的作用，必然导致社会组织的解体——人类历史上这样的例子很多，这是面对严重生态问题的现代人特别要警醒的！

## 三、均平原则：损有余补不足，实现社会动态平衡

除了宏观经济理论，中国人思维方式中的整体观还表现在注重财富的分配。梁启超在其《管子传·第十一章·管子之经济政策》中列出一节谈《管子》的“调剂分配之政策”，梁启超说：“泰西学者恒言曰：昔之经济政策，注重生产；今之经济政策，注重分配。吾以为此在泰西为然耳。若吾国则先哲之言经济者，自始已谨之于分配……管子之意，以为政治经济上种种弊害皆起于贫富之不齐。而此致弊之本不除，则虽日日奖励生产，广积货币，徒以供豪强兼并之凭藉，而民且滋病。此事也，吾国秦汉时尝深患之，泰西古代希腊罗马时尝深患之，而今世欧美各国所谓社会问题者，尤为万国共同膏肓不治之疾。而所以药之之法，在

我国儒家言，其主复井田。孔子、孟子、荀子所倡，与夫汉唐以来之均田、口分田、限民名田等政策皆是也。在泰西社会主义学派，则主土地国有。其尤甚者，主一切财产皆归国有。其意亦与吾国之井田略相近。虽然‘私有权’之为物，随世界文明之进化而起，相沿既久，而欲骤废之，其不能见诸实行，不待智者而决也。若管子均贫富之政策，则举有异于是。”①

中国古典经济理论认为，如果国家对经济放任不管，必然产生穷者愈穷、富者愈富的马太效应，进而影响社会系统的整体稳定。《管子》轻重诸篇不厌其烦地提到这一点，并要求国家直接调节社会财富的分配，损有余补不足，实现百姓均平，社会和谐发展。

《国蓄第七十三》指出，因为人的天性禀赋不同，市场中自然会出现巨大的财富鸿沟，单纯满足于发展经济，将“财富蛋糕”做大是远远不够的，仅靠发行货币的办法刺激经济更不行，还要用政治手段调节能分配，这是实现社会经济健康发展的基础，所谓“不能调通民利，不可以语制为大治”。

《管子·揆度第七十八》将巨大的社会贫富鸿沟称为“贫者重贫，富者重富”，结果就是人们互相奴役，“民更相制”，此与《国蓄第七十三》中“民下相役”同义。所以，从公共工程到战争，要时刻注意百姓均平。《管子·度地第五十七》是一篇全面

---

① 梁启超：《饮冰室合集》第五册，中华书局，1989 年版，饮冰室专集之二十八，第 52 页。

阐述治水问题的文章，但作者仍不忘让贫者守护堤防，以增加其收入。

《管子·轻重甲第八十》为了防止百姓“重贫”“重竭”的出现，高利贷发生，要求国家积极参与农村的信贷。然而，两千多年后的今天，中国的农村金融市场反而因为“现代化”萎缩了。对于像中国这样一个存在大量农业人口的国家来说，农村的发展是社会健康的基础。此篇将对农民的支持提高到国家安危的高度，核心是国家严格控制农村金融体系，“利出一孔”，防止农民为商业资本集团所左右。《轻重甲第八十》引管仲与齐桓公对话：

“管仲说：‘现在国君收税采用直接征收正税的形式，老百姓为交税，急于抛售自己的产品往往降价一半，产品因此落入商人手中。这就相当于一国而二君二王了。所以，商人乘民之危来控制百姓销售产品的时机，使贫者丧失财物，等于双重的贫困；使农夫失掉粮食，等于加倍的枯竭。故为人君主而不能严格控制其山林、沼泽和草地，也是不能成就天下王业的。’桓公说：‘此话怎讲?’管仲回答：‘山林、沼泽和草地，是出产柴薪的地方，也是出产牛羊等祭祀牺牲的地方。所以，应当让百姓到那里去开发，去追捕渔猎，然后由政府供应给他们。对百姓的爱护，能够像弟之与兄、子之与父的关系一样，然后就可以沟通财利，相互支援了。因此，再请君上拿出一部分余钱，把它分别存放在各个邑里。阳春，养蚕季节一到，就用这笔钱预借给百姓，作为他们买口粮、买养蚕工具的本钱。这样一来，国家对丝的征收也可以减少一半。如果这样做四方百姓还不来投奔我国，那就还要掌握好六个时机：春天的耕地时机，下一步的收麦时机，再其次的种芋时机，再其次的种麻时机，再其次的除草时机，最后是大雨季节将临、农田锄草培土时机。抓好这六个时节的农贷，贷款就会吸引百姓到我国来了。’”（原文：管子对曰：“今君之籍取以正，万物之贾轻去其分，皆入于商贾，此中一国而二君二王也。故贾人乘其弊以守民之时，贫者失其财，是重贫也；农夫失其五谷，是重竭也。故为人君而不能谨守其山林、菹泽、草莱，不可以立为天下王。”桓公曰：“此若言何谓也?”管子对曰：“山林、菹泽、草莱者，薪蒸之所出，牺牲之所起也。故使民求之，使民藉之，因此给之。私爱之于民，若弟之与兄，子之与父也，然后可以通财交假也，故请取君之游财，而邑里布积之。阳春，蚕桑且至，请以给其口食筐曲之强。若此，则絓丝之籍去分而敛矣。且四方之不至，六时制之：春日傳耜，次日获麦，次日薄芋，次日树麻，次日绝菹，次日大雨且至，趣芸壅培。六时制之，臣给至于国都。”）

《管子》反对兼并意在防止资本集团垄断社会财富，进而垄断国家政权，所谓：“商贾在朝，则货财上流。”

## 四、储备原则：国家积累和储备的重要性

防止贫富分化，实现社会平衡（包括商业阶层与其他社会阶

层的平衡），客观上要求国家垄断经济资源。除了垄断自然资源，还要有大量的商品储备——政府要防止自然灾害和私商投机影响正常的社会生活。《管子·山权数第七十五》谈到唯有丰足的储备才能掌握天时的变化。

“桓公说：‘为什么不掌握天权，人地之权就无从掌握？’管仲回答：‘商汤在位时有七年旱灾，夏禹在位时有五年水灾。人民没有饭吃以致有卖儿卖女的。商汤只好用庄山的金属铸币，来赎救人民无食而出卖儿女的；夏禹只好用历山的金属铸币，来赎救人民无食而出卖儿女的。所以，君主对于天时水旱不能掌握防备，人力和土地财物也都无从掌握了。因此，成王业的君主总是每年储蓄粮食十分之三，三年多就能有相当于够吃一年的贮备。三十七年就能有相当于十一年多一点的贮备。每年储蓄三分之一不至于伤害民生，还可以促进农民重视农业，努力生产。即使天灾毁坏土地生产，发生凶旱水涝百姓也不会死于沟堑或沿街乞讨。这就是掌握天时，应对年景变化的办法。’”（原文：桓公曰：“何为失天之权则人地之权亡？”管子对曰：“汤七年旱，禹五年水，民之无糧卖子者。汤以庄山之金铸币，而赎民之无糧卖子者；禹以历山之金铸币，而赎民之无糧卖子者。故天权失，人地之权皆失也。故王者岁守十分之参，三年与少半成岁，三十一年而藏十一年与少半。藏三之一不足以伤民，而农夫敬事力作。故天毁埊，凶旱水泆，民无入于沟壑乞请者也。此守时以待天权之道也。”）

在积累与消费之间，《管仲》强调积累和储备的重要意义，特别是在世界政治还没有统一的条件下，经济战仍是看不见硝烟的战场。《管子·事语第七十一》以反对“泰奢”这个虚拟人物思想的形式反对泰奢，即过度的消费主义。

“桓公说：‘泰奢教我说：不修饰车帷车盖，不大量添置衣服，女工的事业就不能发展。祭祀之礼不用牲，比如诸侯依礼用牛，大夫依礼用羊，不如此，六畜就不能繁育。不能高建楼台亭榭，美修华丽宫室，各种木材就没有销路。这种说法对不对?’管仲说：‘不对。’桓公说：‘为何不对?’管仲回答：‘这是定地管理的方法。那里天子管辖方圆千里土地，列国诸侯方圆百里，滨海的子国七十里，男国五十里，像身体上的胸臂一样互相为用。所以调节缓急余缺，即使粮财散在民间，也不至成为统一国家君主的忧虑。但是，领土狭小而还要与大国争强的国家，必须使农夫努力耕耘，成果归于君主，使妇女勤于纺织，成果归于官府，这并不是想要伤害民心与民意，而是因为国无积蓄就不能用人，国无余财就不能鼓励臣下。’”（原文：桓公曰：“泰奢教我曰：‘帷盖不修，衣服不众，则女事不泰。俎豆之礼不致牲，诸侯太牢，大夫少牢，不若此，则六畜不育。非高其台榭，美其宫室，则群材不散。’此言何如?”管子曰：“非数也。”桓公曰：“何谓非数?”管子对曰：“此定壤之数也。彼天子之制，壤方千里，齐诸侯方百里，负海子七十里，男五十里，若胸臂之相使也。故准徐疾、赢不足，虽在下也，不为君忧。彼壤狭而欲举与大国争者，农夫寒耕暑耘，力归于上，女勤于缉绩徽织，功归于府者，非怨民心伤民意也，非有积蓄不可以用人，非有积财无以劝下。”）

梁启超进一步解释说：“管子之意，以为若使天下能为一家，则财之挹（音 yì，舀，把液体盛出——笔者注）于此者还注于彼，虽稍奢而不为害。若犹有国界，与他国竞争，则一国之母财，必期于丰；而母财丰生于积蓄，积蓄生于俭，故以奢为大戒也。”①

《管子》上述经济主张与十九世纪德国经济学家弗里德里希·李斯特（Freidrich List 1789—1846 年）的思想有异曲同工之妙。李斯特认为，英国当时鼓吹的自由贸易理论不是放之四海而皆准，因为其前提条件是假定世界联盟与持久和平的形势已经存在，而现实中根本就没有这样一个超越国家边界的“大同世界”。自由贸易理论是以牺牲贸易伙伴利益为代价的，弱小国家不得不用保护性关税和其他保护措施来培育自己的工业，同英国抗争；平等的工业地位才是实现真正的自由贸易，以及各民族大联合的基础。李斯特在他 1841 年出版的《政治经济学的国民体系》一书中雄辩地论证说：

---

① 梁启超：《饮冰室合集》第五册，中华书局，1989 年版，饮冰室专集之二十八，第 51 页。

“流行学派（指当时流行的自由贸易理论——笔者注）把那些还没有出现的情况假定为已经实际存在的情况。它假定世界联盟与持久和平的形势是已经存在的，然后由此推定自由贸易的巨大利益。这样就把因与果混淆了。就那些已经在政治上联合起来的各省、各州、各邦来说，持久和平的状态是存在的。由于这种政治上的联合产生了商业上的联合，由于在这样形势下的持久和平，才使商业联合对它们那样的有利。历史上一切的成例告诉我们，领先的总是政治联合，跟着发生的才是商业联合。由后者带头而由前者跟进的情况，简直举不出一个例子。但是在目前世界形势下，实行普通自由贸易的结果是不会产生一个世界范围的共和国的，情形将适得其反，比较落后的国家将普遍屈服于工商业与海军强国的优势之下，得出这种结论的理由是极其充分的，在我们看来，这样的形势简直是万难避免的。”①

对于土壤漏失水分，无法生产粮食的国家，《管子》的作者主张发展林木业，制造用精美木器来换取其他国家的粮食。《管子·山至数第七十六》上说：“漏壤之国，谨下诸侯之五谷，与工雕文梓器以下天下之五谷。”

① 李斯特：《政治经济学的国民体系》，商务印书馆，1991 年版，第 113 页。

# 第四章　内守国财外因天下：中国古典外贸理论

为了更全面理解《管子》轻重十六篇所阐释的中国古典外贸理论，我们还需从孔子对管仲的评说谈起。

## 一、孔子为我们留下的历史谜团

在薄薄的《论语》中，孔子评价管仲的地方竟然有四次之多。

管仲卒于公元前645，孔子生于公元前551年，就是说在管仲死后近百年，孔子才出生，孔子为什么如此重视这位一百多年前邻国的政治家呢？

孔子对管仲的心理是矛盾的。一方面，正是在管仲的辅佐下，公元前667年周天子赐齐桓公为伯，成为“得专征伐”的一方诸侯之长。作为春秋五霸之首，开启了令孔子这位理想主义的老人痛苦万分的“礼乐征伐自诸侯出”的时代，周王朝礼乐制度由此全面崩溃。《论语·八佾第三》中记载了孔子对管仲“非礼”的抱怨：

子曰：“管仲之器小哉！”或曰：“管仲俭乎？”曰：“管氏有三归，官事不摄，焉得俭？”“然则管仲知礼乎？”曰：“邦君树塞门，管氏亦树塞门。邦君为两君之好，有反坫，管氏亦有反坫。管氏而知礼，孰不知礼？”

用今天的话说，孔子感叹：“管仲的器量真小呀！”有人便问：“管仲节俭吗？”孔子说：“管仲家里有收来的大量市租，家里管事的人员很多，都不兼职，怎么能说节俭呢？”“那么管仲懂得礼吗？”孔子说：“国君的门前设立一个照壁，管仲门前也和国君一样，设立一个照壁。国君接待他国君主宴饮时，在堂上设有放置空酒杯的台子，管仲也这样做。如果说管仲懂得礼那还有谁不懂得礼呢？”

数百年后，司马迁在写《史记》时对此感到很困惑，他说：“管仲是世人所说的贤臣，然而孔子小看他，难道是因为周朝统治衰微，桓公既然贤明，管仲不勉励他实行王道却辅佐他只称霸主吗？”（原文：管仲，世所谓贤臣。然而孔子小之，岂以为周道衰微，桓公既贤，而不勉之至王，乃称霸哉？）

显而易见，孔子对管仲的违礼行为深为不满，但孔子也认识到，管仲的确又是一位伟大贤明、功勋卓著的政治家。《论语》将管仲与子产并称，面对弟子们对管仲的质疑，孔子坚定表明了自己维护管仲形象的立场。《论语·宪问第十四》记载：

子路说：“齐桓公杀了他哥哥公子纠，召忽因此而自杀，但管仲却没有自杀。”又说：“管仲不能算是有仁德的人吧？”孔子说：“齐桓公多次召集各国诸侯会盟，不使用武力，这都是管仲的力量。这就是管仲的仁德啊！这就是管仲的仁德啊！”子贡说：’管仲不是仁人吧？齐桓公杀了公子纠，他不但没有以身殉主，还去为相辅佐齐桓公。”孔子说：”管仲辅佐桓公，称霸诸侯，匡正了混乱的天下，老百姓直到今天还享受到他的好处。如果没有管仲，恐怕我们都会披散着头发，成为衣襟向左开的蛮族了。他难道像老百姓那样遵守小信，在山沟里自杀，也没有人知道的吗？”（原文：子路曰：“桓公杀公子纠，召忽死之，管仲不死。”曰：“未仁乎？”子曰：“桓公九合诸侯，不以兵车，管仲之力也。如其仁，如其仁。”子贡曰：“管仲非仁者与？桓公杀公子纠，不能死，又相之。”子曰：“管仲相桓公，霸诸侯，一匡天下，民到于今受其赐。微管仲，吾其被发左衽矣。岂若匹夫匹妇之为谅也，自经于沟渎而莫之知也？”）

春秋时代，华夏文明陷入前所未有的危机之中。公元前七世纪，东迁的周王室已经衰微到自顾不暇的地步，处于华夏文化圈北面的戎狄和南面的蛮夷交相进攻中原。在此情形下，管仲辅佐齐桓公建立起来的强齐不仅联盟了中原主要诸侯国，还打退了蛮族一次次进攻，没有像千年后的罗马帝国一样在蛮族入侵下陷入文明黑暗。所以孔子不禁感叹：如其仁，如其仁！

管子为什么是真正的仁人呢？孔子给出的理由是“桓公九合诸侯，不以兵车，管仲之力也”。**不是纯粹靠军事手段，管仲是主要靠什么力量召集天下的呢？《管子・小匡第二十》详述了齐恒“定周室”，除了经济利诱和武力威慑，还有近交远攻的外交**

战略。

经济利诱就是靠《中庸》中的怀柔诸侯方法，“厚往而薄来”吗?《小匡第二十》中说桓公知道诸侯归附他，因而少收进见的币而多给回敬的礼。天下诸侯用瘦马犬羊为礼币，齐国则用良马回报；诸侯用素绸和鹿皮四张为礼币，齐国则用花锦和虎豹皮回报。各国诸侯的使者，总是空囊而来，满载而归。（原文：桓公知诸侯之归己也，故使轻其币而重其礼。故使天下诸侯以疲马犬羊为币，齐以良马报。诸侯以缦帛鹿皮四介以为币，齐以文锦虎豹皮报。诸侯之使垂橐而入，攟载而归。）

“轻其币而重其礼”的方法显然是远远不够的，而管仲治下的齐国不是仅靠军事手段号召天下，还靠什么手段呢?孔子为我们留下了一个难解的历史谜团，

答案只能如司马迁所说的：“管子设轻重九府，行伊尹之术，则桓公以霸。”①

## 二、“伊尹之术”背后的中国古典外贸理论

西周“九府”是政府调节市场的九个经济管理机构，那么什么是“伊尹之术”呢?伊尹是商初重臣，甲骨卜辞中称他为“伊”，金文则称为“伊小臣”。《地数第七十七》提到：“伊尹善通移、轻重、开阖、决塞，通于高下徐疾之策。”《轻重甲第八十》所谓的“伊尹之术”，大体是以殷的华美丝绸换取夏桀的粮

① 《太平御览》卷四七二引《太史公素王妙论》。

食。“伊尹之术”是中国古典外贸理论最典型的案例。

**与西方十五世纪至十七世纪的重商主义累积金银相反，中国古典外贸理论以“得物为胜，得币为亏”，主张通过提高物价等手段，实现“以末易其本，以虚易其实”。具体策略常常表现为直接以金钱、工业品等（“末”）换取对方的基本商品（“本”，如粮食）。**

管子对外行轻重之术的关键是人为造成垄断，取利于他国。操作的细节极其精微，大体垄断金融市场和基本商品二条。梁启超对《管子》一书的外贸思想击节赞赏，特别是对其在货币与财富的关系认识方面，他说：“管子虽用金币以操纵天下，然其筹国民经济也，以金币为手段，而不以之为目的。盖以金币与财富，截然不同物也。此义也，欧洲学者，直至十七世纪以后，始能知之。而管子则审之至熟者也！又货币价格之与物价必成反比例也，货币数量之与物价必成正比例也。此义直至斯密·亚丹始发明之，而管子则又审之至熟者也！夫以当时并世之人，无一人能解此理，无一人能操此术，而惟管子以宏达之识，密察之才，其于百物之情状，视之洞若观火而躬筦（音 guǎn，同“管”——笔者注）其机以开阖之，安得不举天下而为之役哉?”①

在公元前 81 年，那场深深影响中国历史的盐铁会议上，长期职掌西汉政府财政大权的桑弘羊在为自己的商业政策辩护时特

① 梁启超：《管子传·第十一章·管子之经济政策》，《饮冰室合集》第五册，中华书局，1989 年版，饮冰室专集之二十八，第 80 页。

别提到纪氏之国只顾发展生产，不能掌握有效外贸理论，才导致利权丧失、国家灭亡的惨痛教训。《管子·轻重乙第八十一》也提及此事，其目的是告诉人们，善治天下者，必须严守高价流通政策，这样他国就无法利用市场汲取本国的战略物资。

《管子·轻重乙第八十一》中借管子之口说："从前，纪氏的国家就是加强农业、节约开支，但粮食丰富而不能经营管理，粮食便四下外流而归于天下各国。这样，纪氏虽加强农业节约开支，但不善治理，只会使本国百姓的粮食外流净尽，被天下掳掠。因此他国亡，无处容身。所以，单纯强本节用只能使经济情况更好一些，而不能保证不亡。善于治理国家的，总是在各国物价降低时，我则使它提高；各国轻视此种商品时，我则重视；各国市场供过于求时，我则通过囤积使之供不应求。这样就可以号召天下了。"（原文：昔者纪氏之国强本节用者，其五谷丰满而不能理也，四流而归于天下。若是，则纪氏其强本节用，适足以使其民谷尽而不能理，为天下虏。是以其国亡而身无所处。故可以益愈而不足以为存，故善为国者，天下下，我高；天下轻，我重；天下多，我寡。然后可以朝天下。）

请注意，这里的"谨守重流"不是盲目高价的政策，还要和各国的物价保持齐准，防止别国倾销。《管子·山权数第七十五》上说："物价的水平则要与别国保持一致。因为商品价格偏高，别国就来倾销射利；商品价格偏低，物资会泄散外流。所以，要注意比价一致。物资泄散外流，就等于本国失权；被人射利，就等于本国失策了。"（原文：物重与天下调。彼重则见射，轻则见泄，故与天下调。泄者，失权也；见射者，失策也。）

## 三、内守国财而外因天下

中国古典外贸理论的总原则可以用“内守国财而外因天下”概括。一方面，要尽力避免本国财物外流；另一方面，要吸收外国财物，使之不断输入，关键在于物价不能低于其他国家，“谨守重流”。

“内守国财而外因天下”语出《管子·地数第七十七》，上面引用齐桓公与管子的对话：“桓公对管仲说：‘我要保住国内资源，不被天下各国捞取，反而要外取于天下，可以吗？’管仲回答：‘可以。水流激荡则流势湍急，征收的号令急则物价上升。先王就是掌握号令的缓急，对内据守国财而对外取之于天下的。’”（原文：桓公问于管子曰：“吾欲守国财而毋税于天下，而外因天下，可乎？”管子对曰：“可。夫水激而流渠，令疾而物重。先王理其号令之徐疾，内守国财而外因天下矣。”）

《管子·轻重戊第八十四》还有多条通过有意识提高他国某种产品价格，让其发挥产业比较优势，诱使之放弃本国农业生产，造成单一的经济局面，借以颠覆别国的案例。比如提高纺织品价格以颠覆鲁、梁，提高鹿价以颠覆楚国，提高狐白之价以颠覆代国，提高器械之价以颠覆衡山国等。在他国“以钱为纲”，放弃农业社会种粮这一本业全力追逐利润时，在本国则广积粮，形成市场垄断局面。等到别国粮食感到缺乏，而本国谷物又不准自由买卖，别国的人民为了取得粮食供应，就不得不相率归顺了。

管仲，这位曾经挽救中华文明之大厦于将倾的伟大政治家已经远去了，在这样一个虚拟经济发达的信息时代，孔子对他“九合诸侯，不以兵车”的赞叹似乎也已成为历史余音。但《管子》一书阐述的中国古典外贸理论却不会成为绝响，它告诉我们：真理是朴素的，真理也是永恒的！

# 第五章　常平仓与盐铁会议

## 一、期货与中国古典经济制度常平仓

前些年，市场上猪肉价格一路飙升，达到每斤13元甚至更贵。有学者建议：

一是生猪保险。生猪保险的出台对农户是好事，但对于稳定猪肉价格则起不到太大作用。蓝耳病出了，猪肉价格还会照样上涨。

二是生猪期货。我们知道期货市场的基本功能是风险转移，将生产者的风险转移给投机者。生产者通过套期保值有效规避了市场价格波动风险，更多投机者通过参与期货风险投资获利。期货市场还具有价格发现的功能，期货价格能够有效地对到期日的现货价格进行预期。

期货的确可以使价格波动变小（越是生产者对期货市场敏感越是这样。不过中国生猪是以散养为主，对期货价格并不敏感），但这里有个基本前提条件，那就是现货市场的供应没有巨大的波动。因为期货“发现”的是没有意外出现时未来的价格，如果现货供应由于某种原因出现问题，期货对市场价格的影响将极为有限。另外，如果期货投机过度或者对意外事件过激反应，都会导致现货市场巨大的波动，并且造成相关联产品的连锁反应，结果是灾难性的。十几年来，国家为了稳定市场，不得不多次动用行政手段强行平仓就是这个原因。

曾有专家撰文，指出生猪期货好处多多。有了生猪期货交易，广大养殖户不仅可以根据期货价格波动，及时了解生猪的未来价格走势，并根据市场信息进行农业生产和销售决策，合理调整养殖规模和饲养周期，还可以通过期货市场“先卖后养”规避风险，减少生猪养殖的盲目性，减缓现货价格的不合理波动。

要知道，期货市场是把“双刃剑”，如果看不到脱了缰的资本会通过期货市场对现货市场造成巨大冲击，反而认为期货自动减少市场波动，这简直是颠倒黑白，长期以来，期货市场都被认为是高度投机的场所。直到 1954 年哈罗德·欧文通过对谷物期货市场、黄油市场、鸡蛋市场的研究后得到结论：期货市场的主要推动力来自套期保值者，而不是大量投机者——期货市场是一个套期保值市场。

期货从来没有被当作平抑物价的机制，它只是减少生产环节风险的机制；人类历史上十分有效的平抑物价机制常平仓，只不过它尘封已久。

常平仓是什么机制呢？简单说就是用基本商品储备，稳定现货价格。可以把常平仓比作一个蓄水池，市场上商品价格过高时，常平仓就将储备的商品投向市场，增大市场供应，让市场回复到正常水平；当市场上商品价格较低时，常平仓以高于市场的价格收购商品，减少市场供应，让商品价格恢复正常水平。

19世纪美国商品粮经济的飞速发展，在美国东西部的交通枢纽芝加哥催生了现代意义的期货市场。同理，中国发达的农业和大陆性气候的恶劣生存环境，催生了常平仓制度。甲骨文中就有商王让自己的臣下巡查仓廪的记载：

己巳卜，贞：令吴省在南廪。

这句卜辞的意思是说，商王命名吴之人视察在南地的仓廪。说明当时已经有了国家级别的公共储备——储备是常平仓建立的先决条件。

中华政经制度源流久远。在《周礼》中，我们能明显看出西周初年国家保持粮食这种基本商品价格稳定的做法。《周礼·地官司徒第二》中的做法与李悝的“平籴法”十分相似，也是用“损有余补不足”的原则来储备谷物，并将赋税的多少同年景的好坏联系在一起，只不过后者更为成熟。

先看《周礼》中的相关记述：

《周礼·地官司徒第二·廪人》：“廪人掌管谷米数，以备国家分颁群臣俸禄、救济民众或恩赐，发给庶人在官者食粮。依据年景好坏计算王国的开支，知道够不够用，并报告上级用谷的原则，据以制定适于丰年或荒年的不同用谷标准。凡民众吃粮，每人每月四鬴，是上等年成；每人每月三鬴，是中等年成；每人每月二鬴，是下等年成。如果每人每月吃不够二鬴，就命令国中饥民迁移到产粮多的地方，并告诉王减省国家开支。（原文：廪人掌九谷之数，以待国之匪颁、賙赐、稍食。以岁之上下数邦用，以知足否，以诏谷用，以治年之凶丰。凡万民之食，食者人四鬴，上也；人三鬴，中也；人二鬴，下也。若食不能人二鬴，则令邦移民就谷，诏王杀邦用。）

《周礼·地官司徒第二·仓人》：“仓人掌管所收入谷物的储藏，分辨九谷的名称种类，以备王国所用。如果谷物不足，就减省委积的支用；谷物有余，就把它储藏起来，以备灾荒年而颁用。凡国家有大事，供道路委积所需的谷物和饮食。”（原文：仓人掌粟入之藏，辨九谷之物，以待邦用。若谷不足，则止余法用。有余，则藏之，以待凶而颁之。凡国之大事，共道路之谷积，食饮之具。）

《周礼·地官司徒第二·司稼》：司稼掌管巡视王国野地的庄稼，辨别各种谷物的种类，全面了解它们的名称，以及它们所适宜种植的土地，作为下年种植的法则，悬挂在邑中里门上。巡视野地的庄稼，根据年成的好坏制定出征收赋税的法则。掌管调度民众粮食的多少，而救济人们的急困，公平地颁授所征收储积的粮食给急困之民。（原文：司稼掌巡邦野之稼，而辨穜稑之种，周知其名，与其所宜地。以为法而县于邑闾，巡野观稼，以年之上下出敛法。掌均万民之食，而赒其急而平其兴。）

常平仓发展成熟于东周至秦汉时期，最早可以追溯到春秋战国时范蠡的“平粜法”与李悝的“平籴法”。李悝平籴法是按年成丰歉和灾情大小的不同情况，把丰收年景分为上熟、中熟、下熟三等。上熟年份每百亩收余粮三百石、中熟年份每百亩收购余粮二百石、下熟年份每百亩收购余粮一百石；把灾荒年成分为大饥、中饥、小饥。大饥则把上熟收购余粮抛售，中饥则把中熟所购余粮抛售，小饥则把小熟所购余粮抛售。这样就能保证即使有灾荒也会因有储备而保持粮食市场稳定。

就是说“善于按平价购粮储存的人，一定细心观察每年有上、中、下三种成熟程度。上熟能收到原来的四倍，最后剩余粮四百石；中熟收获是原来的三倍，最后还剩余粮三百石；下熟是原来的一倍，最后还剩余粮百石，小饥荒仅能收百石，中饥荒仅能收到七十石，大饥荒仅能收到三十石，所以丰收之年则用上熟年的政策买入一般年景三倍的粮食而留一份给百姓，中熟之年则买入二倍，下熟之年则买入一倍，使百姓合适满足。粮价平均饥荒的现象就中止了。小饥荒就发放小熟时所征的赋税，中饥荒就发放中熟时所征的赋税，大饥荒时就发放大熟时所征的赋税，卖掉它们。所以，即使遇到荒年和水旱灾害，粮价不贵就不会造成士、工、商离散，用有余的去补充不足的。这一政策在魏国实行，国家因此富强。”（班固《汉书·食货志》原文：是故善平籴者，必谨观岁有上、中、下孰。上孰其收自四，余四百石；中孰自三，余三百石；下孰自倍，余百石。小饥则收百石，中饥七十石，大饥三十石，故大孰则上籴三而舍一，中孰则籴二，下孰则籴一，使民适足，贾平则止。小饥则发小孰之所敛、中饥则发中孰之所敛、大饥则发大孰之所敛而粜之。故虽遇饥馑、水旱，籴不贵而民不散，取有余以补不足也。行之魏国，国以富强。）

显然，班固视李悝的平籴法为魏国富强的经济制度基础。

常平仓政策的理论架构在汉武帝时代已经基本成熟，当时主管经济的桑弘羊创立平准法，依仗政府掌握的大量钱帛物资，在京师贱收贵卖以平抑物价。到西汉宣帝年间，担任大司农中丞的耿寿昌正式建立起了常平仓制度。据《汉书·食货志》记载："寿昌遂令边郡皆筑仓，以谷贱时增其贾而籴，以利农，谷贵时减贾而粜，名曰常平仓。"这里耿寿昌运用价值规律，在市场粮价低的时候，适当提高粮价进行大量收购，不仅使朝廷储藏粮食的大谷仓——太仓和甘泉仓都充满了粮食，而且边郡地方也仓廪充盈。在市场粮价高的时候，适当降低价格进行出售。该措施有效平抑粮食市场，既避免"谷贱伤农"，又防止"谷贵伤民"，中国市场上不再有西方经济中直到现代还存在的将"牛奶"倒入阴沟的野蛮行为。

历史上常平仓制度在中国置废不常。但至清朝时，其规置已经相当完整。清朝常平仓款项主要来自地方财政收入，截留漕粮以充实常平仓的资金和富民捐谷。常平仓的作用除了平抑物价，还包括出借给农民作为籽种口粮，以解决青黄不接时农村发生的困难，同时达到仓谷出陈易新的目的。在大灾之时，也用常平仓谷赈济灾民。为了保证国家粮食储备的质量，每年出陈易新的部分约为总储量的百分之三十。

常平仓储量随着清朝国力的上升曾不断扩充，清朝由盛而衰，存谷也逐渐空虚以至枯竭。至清末，对于全国大多数地区来说，经济的稳定器常平仓已经名存实亡。

## 二、西汉盐铁会议

历史是偶然事件和必然事件相互作用的集合。

有时，政治经济生活中的一个微小事件，会在后来的人类历史进程中产生持久而强烈的影响，它和混沌理论中的蝴蝶效应（the Butterfly Effect）相似。事实上，当我们将人类社会看作一个复杂的巨大系统时，这种“历史的蝴蝶效应”的存在就成为必然。

### 1. 盐铁会议始末

公元前81年，西汉昭帝刘弗陵始元六年，让历史永远定格于此。

农历二月一天的大早，世界上最大的城市长安，天气还很冷。丞相车千秋、御史大夫桑弘羊，以及他们各自的属员丞相史和御史，还有去年刚刚选举出来的六十余位贤良、文学名士匆匆赶往大汉王庭，参加13岁的汉昭帝下诏召集的经济会议，议题是讨论是否结束盐、铁、酒类由国家专卖的事宜。《汉书·昭帝纪》记载：“二月，诏有司问郡国所举贤良、文学民所疾苦。议罢盐铁榷酤。”

大约十年后，汉宣帝时的庐江太守丞桓宽，[①] 根据会议资料

① 桓宽，生平不详，据《汉书》所记，他字次公，汝南（今河南上蔡西南）人。博通典籍，善于文章，平生研习《公羊春秋》，与同乡朱子伯交游深厚，后被荐为郎官。汉宣帝时，官至庐江太守丞。

及参加此次会议的同乡好友朱子伯的追述，这位研习《公羊春秋》的儒者出于“欲以究治乱，成一家之法”（语出《汉书·公孙刘田王杨蔡陈郑传》）的宏愿，推衍增广，整理出了洋洋数万言的《盐铁论》，使我们有幸身临其境地了解这场会议的真相。后世又称《盐铁论》为《贞山子》或《桓宽盐铁论》。

桓宽本人也没有想到他铸就了中国历史的分水岭。从此以后，中国以道家为内术、法家为外术的原生文明形态逐步落下了帷幕，儒家主导的政治经济思想逐步垄断中国人的全部生活。《盐铁论》的每一章节都显示出两种治世理念的针锋相对：在“分水岭”的一边，是以御史大夫桑弘羊为首的官方法家思想力量集团；另一边，是正在兴起的民间儒生思想力量集团。难怪东汉王充称本书是“两刃相割，利害乃知；二论相订，是非乃见。”（《论衡·案书篇》）。

当时，没有人相信那些儒生会成为中国政治的主导力量。儒生们反对盐铁专卖，但盐铁会议之后盐铁官营的政策没有丝毫改变，只是五个月后才有限度地取消了酒类专卖，撤销了主管酒类专卖的官员，改为实行价格控制，限酒价每升四钱。

盐铁会议结束后，儒生的所有主张几乎都没有演变为现实政策，但后来的历史证明，儒生们已掀起一场席卷世界历史的疾风骤雨！这是盐铁会议的“历史的蝴蝶效应”，让我们先考察一下盐铁会议的召开背景。

### 2. 盐铁会议的缘起

六年前（公元前 87 年），汉武帝驾崩。

汉武帝一生南征北战，功勋赫赫。公元前119年漠北之战后，匈奴从此无力大举南下，出现了“匈奴远遁，漠北无王庭”（《汉书·匈奴传》）的局面。至少在表面上，外部的威胁基本上消失了，这在现实层面增加了儒者奢谈以德治国的可能性。因为从孔子到孟子，再到汉初诸儒，在外部强大的威胁之下，他们的主张显得不切实际。

但临时性威胁仍然存在，机动性强的匈奴人寇边之事时有发生。汉昭帝即位的第一年冬天，匈奴就入侵朔方郡，杀戮吏民，掠夺财物。朝廷不得不发兵进驻西河郡，命左将军上官桀巡查北部边疆。据《汉书·昭帝纪》载：“冬，匈奴入朔方，杀略吏民。发军屯西河，左将军桀行北边。”

从汉朝内部看，一代儒宗董仲舒已对儒家学说进行了大刀阔斧的改革，使之适应于现实社会。当时儒生尽管还没有深入文官队伍，但其社会影响力极为强大，如董仲舒的思想成为一时显学，他们通过私学教育手段影响社会进而影响政治核心，这是儒家最后实现独尊地位的历史路径。

在盐铁会议上，贤良、文学深受大儒董仲舒的影响，他们本质上代表有产阶层豪门利益——贤良皆来自三辅的豪民之家，文学则指传习经书的儒生。王利器先生《盐铁论校注》前言写道：

“参加这次会议的六十多个贤良、文学，他们都是‘祖述仲尼’的儒生，除了心不离周公，口不离孔、孟之外，还宣扬当时‘推明孔氏’的董仲舒的学术思想。董仲舒就是向汉武帝建议要

‘盐、铁皆归于民’的始作俑者。他攻击秦‘用商鞅之法，改帝王之制’，‘田租、口赋、盐、铁之利二十倍于古’；他在对策时，宣扬‘正其谊不谋其利，明其道不计其功’的儒家说教，反对‘与民争利’，一再宣扬什么‘亦皆不得兼小利，与民争利业，乃天理也。’他之所谓民，并不是一般的老百姓，而是指的豪门贵族和富商大贾。本书《禁耕篇》所谓：‘夫权利之处，必在深山穷泽之中，非豪民不能通其利。’《复古篇》所谓：‘往者豪强大家，得管山海之利，采铁石鼓铸，煮海为盐。’正好说明董仲舒扮演的‘为民请命’这出剧是怎么回事了。盐、铁会议一开场，这批腐儒就迫不及待地抛出这些谬论，摇旗呐喊：‘今郡国有盐、铁、酒榷、均输，与民争利……愿罢盐、铁、酒榷、均输。’在开宗明义第一章，就毫不含糊地表明他们是地地道道地继承了董仲舒的衣钵。参加这次会议的那个贤良魏相，得官之后，还一贯地‘数条汉兴已来国家便宜行事，及贤臣……董仲舒等所奏，请施行之。’”①

汉昭帝本人亦重儒学。从一年前（公元前 82 年）他在下令察举盐铁会议上这 60 多个贤良、文学的诏书中可以看到，这位少年天子所列举的自己所读之书，都是儒家经典，包括《保傅传》《孝经》《论语》《尚书》，无一西汉初年流行的黄老法家作品。《汉书·昭帝纪》收录了该诏书：“朕以眇身获保宗庙，战战

① 王利器：《盐铁论校注》上，中华书局，1992 年版，第 8 ~ 9 页。

栗栗，夙兴夜寐，修古帝王之事，诵《保傅传》《孝经》《论语》《尚书》，未云有明。其令三辅、太常举贤良各二人，郡国文学高第各一人。”

公元前81年，儒家思想已经有很大影响。当外部条件适合的时候，这一思潮终将以某种形式爆发出来。盐铁会议的召开变成儒家思想爆发的导火索，点燃它的是当时手握朝廷权柄的霍光。

3. 盐铁会议的始作俑者——霍光

参加盐铁会议的权臣有丞相车千秋、御史大夫桑弘羊，但幕后的始作俑者却是当朝的主政大臣霍光。

霍光（？～公元前68年），字子孟，霍去病的异母兄弟，是年轻有为的一代名将霍去病将霍光带入了宫廷。他没文化、没功绩，只有忠诚。靠小心谨慎得以在权力的中心步步高升，最后竟成为汉武帝的五位托孤大臣之一（当时昭帝年仅八岁），其他几位分别是车骑将军金日磾（音dī）、左将军上官桀、丞相车千秋、御史大夫桑弘羊。

这些人中，丞相车千秋是个明哲保身的专家，同霍光一样，没有什么才能，连匈奴人都称他“妄一男子”。昭帝即位后，他每每讨论政事总是一言不发，将权力让给霍光，霍光乐此不疲、投桃报李，总是寻机嘉奖他。《汉书·公孙刘田王杨蔡陈郑传》载：“武帝崩，昭帝初即位，未任听政，政事一决大将军光。千秋居丞相位，谨厚有重德。每公卿朝会，光谓千秋曰：‘始与君侯俱受先帝遗诏，今光治内，君侯治外，宜有以教督，使光毋负天下。’千秋曰：‘唯将军留意，即天下幸甚。’终不肯有所言。光以此重之。每有吉祥嘉应，数褒赏丞相。”

在关系国家政治经济方向的盐铁会议上，车千秋照样几乎一言不发，结果盐铁会议成为桑弘羊同儒生集团的单打独斗。连《盐铁论》的作者桓宽都指责说：“车千秋丞相处于周公、吕望的地位，在会议中像车轴一样处在中间，闭口不言，保全自身，他呀！他呀！”（原文：车丞相即周、吕之列，当轴处中，括囊不言。彼哉！彼哉！）

车骑将军金日磾在昭帝上台后不久（前 86 年）就死了。盐铁会议后第二年，左将军上官桀与御史大夫桑弘羊在宫廷斗争中一起被杀，最后霍光得以独揽大权。

据《汉书》记载，最早向霍光提出召开盐铁会议的是霍光亲信的属吏杜延年。杜延年出生于法律世家，却不赞成重其轻者的刑事政策，他的两个哥哥及其父杜周办案以严闻名，其独宽厚。

**杜延年主张召开盐铁会议的理由是汉武帝时军费太高，要回归汉初的政治，所谓“孝文明政”。这显然是个幌子，因为盐铁会议上的民间力量没有一个治黄老法家的学者，那才是孝文帝的为政之道——倒是请来了一大批儒生。**《汉书·杜周传》载：“见国家承武帝奢侈师旅之后，数为大将军光言：‘年岁比不登，流民未尽还，宜修孝文明政，示以俭约宽和，顺天心，说民意，年岁宜应。’光纳其言，举贤良，议罢酒榷、盐、铁，皆自延年发之。”

此后，汉代儒生常常通过抬高文帝的办法贬低武帝的治国政策。问题是汉文帝施行的是黄老法家，而不是儒家治国，二者有天壤之别。盐铁会议是豪门有产阶层代言人推动的，以儒家治国理念代替法家治国理念的文化攻势，桓宽直言这次会议的目的是“舒六艺之风，论太平之原”（《盐铁论·杂论第六十》）。

细心的学者早就发现，盐铁会议的影响在汉代就突显出来。不仅仅是有限度的开放酒类专卖这一项。比如盐铁会议上遭儒生猛烈抨击的均输制度，此后很少有人提及，元帝时罢黜儒者反对的盐铁官和常平仓。均输之制到西汉末年已渐废弛，东汉初年正式省罢。

盐铁会议召开一百六十多年后，章帝元和年间（公元 84 ~ 86 年）尚书张林建议恢复均输之制，因遭到自己的副手朱晖（尚书仆射，“进止必以礼，诸儒称其高”，《后汉书·朱乐何列传》）的坚决反对而未能施行。朱晖反对的理由仍是重复儒家传统的“不与民争利”的放任主义经济政策。整个事件中，儒生以宗教般的道德狂热反对政府调控国家经济，儒家“道德正确”与士族现实利益完美结合，使均输（平准）政策的恢复成为泡影。

《后汉书·朱乐何列传》详载此事：当时谷子很贵，官府日常用度不足，朝廷对此很担忧。尚书张林向皇帝提出：“谷子所以贵，是因为钱贱的缘故，可以将钱全部封存，一律采取布帛作为租赋，统一天下的财用。盐是必需品，虽贵人们也不得不买，官府可以自己出售。另外应利用交趾、益州上计吏之往来，买卖珍宝，收取他们的税利，这就是武帝时的均输制度。”

于是皇帝诏令诸位尚书共同商议。朱晖上奏说依据张林的主张是无法实施的，因此事情便放在一边不提。后来又有汇报工作的人重提张林的奏议，认为这对国家有利。皇帝也表示同意，下诏实行。朱晖又上奏说：“按照先王礼制，天子不说有无，诸侯不说多少，享受俸禄食邑之家不同百姓争夺利益。如今均输之法同贩卖没有区别，盐的利益归官府，那么下边的百姓就会贫穷怨恨，用布丝绸作为租赋，吏就会邪恶偷盗，实在不是圣明之主所应当施行的。”章帝听罢大怒，严厉斥责朱晖和尚书台的其他官员，于是朱晖等人全都自投监狱等待问罪。三天后，章帝又下诏将他们释放，并说：“我乐于听反对的意见，老先生并没有罪，只是诏书的斥责过分罢了，你们为什么要自投监狱?”朱晖于是自称病重，不肯再在奏议上署名。

尚书令以下官员十分惊慌恐惧，对朱晖说：“如今正面临谴责，怎么可以称病，此祸不小!”朱晖说：“我年近八十，而蒙受皇恩，能够参与尚书机密，应当以死相报。如果我心知事不可行，却顺从旨意附和，那就违背了做臣子的大义。如今我耳不听、眼不见，伏身等待诛杀。”便闭口不再说话。尚书们不知如何是好，于是就一同上书弹劾朱晖。章帝怒气已平，便将此事搁置。(原文：是时谷贵，县官经用不足，朝廷忧之。尚书张林上言：“谷所以贵，由钱贱故也。可尽封钱，一取布帛为租，以通天下之用。又盐，食之急者，虽贵，人不得不须，官可自鬻。又宜因交阯、益州上计吏往来，市珍宝，收采其利，武帝时所谓均输者也。”于是诏诸尚书通议。晖奏据林言不可施行，事遂寝。

后陈事者复重述林前议，以为于国诚便，帝然之，有诏施行。晖复独奏曰："王制，天子不言有无，诸侯不言多少，禄食之家不与百姓争利。今均输之法与贾贩无异，盐利归官，则下人穷怨，布帛为租，则吏多奸盗，诚非明主所当宜行。"帝卒以林等言为然，得晖重议，因发怒，切责诸尚书。晖等皆自系狱。三日，诏敕出之。曰："国家乐闻驳议，黄发无愆，诏书过耳，何故自系？"晖因称病笃，不肯复署议。尚书令以下惶怖，谓晖曰："今临得谴让，奈何称病，其祸不细！"晖曰："行年八十，蒙恩得在机密，当以死报。若心知不可而顺旨雷同，负臣子之义。今耳目无所闻见，伏待死命。"遂闭口不复言。诸尚书不知所为，乃共劾奏晖。帝意解，寝其事。）

儒家主张的小农主义自由市场经济，必然导致影响社会阶层平衡的兼并之徒兴起。西汉成、哀年间已经出现了罗裒（音póu）这样往来京师、巴蜀间，"訾至巨万"的大盐商。至东汉，儒学士族门阀集团崛起，儒生对社会政治经济资源的垄断成为一种常态，并延续达两千年之久。

谋略篇

# 中国古代经济“三十六计”

如果将中国民族医学称为“阴阳之术”，中国古典兵学称为“奇正之术”，那么中国古典经济理论则可称之为“轻重之术”。中国古典经济思想的三十六计，一言以蔽之，“轻重”而已。领悟“轻重”，便抓住了根本。存乎一心，足以得无限妙用。

兵家《三十六计》近乎妇孺皆知，其中，“借刀杀人”“声东击西”“美人计”等计名更是耳熟能详。在今天这样一个经济竞争激烈的时代，国人却很少知道中国古代经济思想中的“三十六计”。

华夏民族长期独大的经济实力、统一的政治环境，使中国古代经济三十六计隐身于《管子》轻重书《轻重甲第八十》《轻重乙第八十一》《轻重丁第八十三》《轻重戊第八十四》诸篇长达两千多年，直到二十世纪初世界各国竞争又起，商战近逼，有识之士才开始重视。

中国古代经济三十六计可以说是《管子》经济思想的妙用。现存《经言》中的《牧民》《立政》《乘马》《七法》《幼官图》诸篇都有子目，《杂篇》中之《九守》也有，我们可以推想，司马迁看到的《轻重》书可能都是有子目的，今天的《轻重丁第八十一》中还残存着两个子目，即“右石壁谋”和“右菁茅谋”。所以我们不妨将《轻重》书中的轻重之谋都加上子目，称为“石壁之谋”“菁茅之谋”等。

中国古代经济三十六计国内经济权谋《轻重甲第八十》中有12计、《轻重乙第八十一》中6计、《轻重丁第八十三》中13计，国际经济战权谋存在于《轻重戊第八十四》中，共5计。它们依次为：

（1）伊尹之谋。

（2）商汤之谋。

（3）土室之谋。

（4）杠池之谋。

（5）鹄鶡之谋。

（6）五吏之谋。

（7）水豫之谋。

（8）北泽之谋。

（9）北郭之谋。

（10）渠展之谋。

（11）癸乙之谋。

（12）怀夷之谋。

（13）素赏之谋。

（14）曲防之谋。

（15）置屯之谋。

（16）城藏之谋。

（17）耜铁之谋。

（18）曲衡之谋。

（19）石壁之谋。

（20）菁茅之谋。

（21）栈台之谋。

（22）纂茈之谋。

（23）籍谷之谋。

（24）谢物之谋。

（25）彗星之谋。

（26）城阳之谋。

（27）峥丘之谋。

（28）抗庄之谋。

（29）沐树之谋。

（30）困京之谋。

（31）三原之谋。

（32）制鲁梁之谋。

（33）制莱莒之谋。

（34）制楚国之谋。

（35）制代国之谋。

（36）制衡山之谋。

需要说明的是，《轻重丙》早已亡佚了，这使我们怀疑中国古代还有更丰富的经济权谋。本书列出三十六则计谋也经过选择，甚至还能列成三十七计（比如因为与经济关系少，略去了《轻重丁》中“乘天威而动天下之道”那条。该条与中国古代经济三十六计中“彗星之谋”“乘天灾而求民邻财之道”相类似）。

**如果将中国医学称为“阴阳之术”，中国兵学称为“奇正之术”，那么中国古典经济理论则可称之为“轻重之术”。研习中国学术，最重要的是抱道处势，因时而变，绝对不能株守程式，墨守一端。《孙子兵法》才十三篇，却能敌厚重的西方《战争论》，何也？以其道理精要，变化无穷而已，大家阅读中国古代经济三十六计时必须牢记轻重之术的这一特点。**诚如《孙子兵法·兵势第五》释“奇正”之道云：“凡战者，以正合，以奇胜。故善出奇者，无穷如天地，不竭如江海。终而复始，日月是也。死而更生，四时是也。声不过五，五声之变，不可胜听也；色不过五，五色之变，不可胜观也；味不过五，五味之变，不可胜尝也；战势不过奇正，奇正之变，不可胜穷也。奇正相生，如循环之无端，孰能穷之哉！”

中国古代经济三十六计和兵法三十六计一样，皆在事理人情之中。因为如果计谋超过事理人情，凭空设计，则很快会被人识破。《三十六计·总说·按》中说：“且诡谋权术，原在事理之中，人情之内。倘事出不经，则诡异立见，诧世惑俗，而机谋泄矣。”

《管子》的作者严格遵循人皆趋利避害的人情论，认为在经济上给予老百姓就会高兴，夺取老百姓就会愤怒，所以主张行政“见予之形，不见夺之理”。《管子·国蓄第七十三》中指出：“夫民者亲信而死利，海内皆然。民予则喜，夺则怒，民情皆然。先王知其然，故见予之形，不见夺之理。故民爱可洽于上也。”《管子·牧民第一》论证说：“故知予之为取者，政之宝也。”

**“见予之形，不见夺之理”这一“藏之无形”的大道直接影响诸多权谋的设计，在阅读过程中读者会清晰地体会到这一点。**

# 第六章　《管子·轻重甲第八十》十二计

## 一、伊尹之谋：来天下之财

**经济学阐微：**

在中国古典经济理论中，经济战分为“战衡、战准、战流、战权、战势”五种（参阅《轻重甲第八十》），在商品流通中运用轻重之术的“战流”是五战之一；伊尹是商初重臣，在商灭夏过程中发挥了重要作用，伊尹之谋实际上是通过对外贸易获取资源，“致天下之财”的方法。《管子》的作者认为，只有吸引天下财富，招引天下的人民，国家才能生存发展，所谓“故为国不能来天下之财，致天下之民，则国不可成”。

**历史上，真正强大的国家几乎都是人才和资源占有优势的国家。当今世界，人才与资源领域的竞争依旧是世界各国经济竞争的主战场。**

**原文：**

桓公曰：“轻重有数乎？”管子对曰：“轻重无数，物发而应之，闻声而乘之。故为国不能来天下之财，致天下之民，则国不可成。”桓公曰：“何谓来天下之财？”管子对曰：“昔者桀之时，女乐三万人，端譟晨，乐闻于三衢，是无不服文绣衣裳者。伊尹以薄之游女工文绣纂组，一纯得粟百钟于桀之国。夫桀之国者，天子之国也，桀无天下忧，饰妇女钟鼓之乐，故伊尹得其粟而夺之流。此之谓来天下之财。”

**译文：**

桓公说：“掌握轻重之策有定数么？”管仲回答：“掌握轻重之策没有定数。物资一动，措施就要跟上；听到消息，就要及时利用。所以，建设国家而不能吸引天下的财富、招引天下的人民，国家就不立。”桓公说：“何谓吸引天下的财富？”管仲回答：“从前夏桀时，女乐有三万人，端门的歌声，清晨的音乐，大路上都能听到；她们无不穿着华丽的衣服。伊尹便叫薄地无事可做的妇女，织出各种华美的彩色丝绸。一匹织物可以从夏桀那里换来百钟粮食。桀的国家是天子之国，但他不肯为天下大事忧劳，只追求女乐享乐，所以伊尹便取得了他的粮食并操纵了他的市场商品流通。这就叫作吸引天下的财富。”

**古今案例分析：**

有人说，美国和苏联是依靠“二战”后吸引大批科学家成为科技大国，进而成为世界强国的，这符合历史事实。

在第二次世界大战的最后几个月里，盟军特工的一个重要任务就是寻找希特勒所谓的“神奇武器”，以及制造这些武器的科学家们。这些科学家包括当时德国原子弹计划的带头人、火箭工程师、导弹的制造者、新型火箭发动机的发明人等。

盟军特工甚至深入盟友苏联的占领区，暗中将被捕科学家的妻子和家人偷偷送往西方。

这些科学家在盟国受到善待。火箭工程师维尔纳·冯·布劳恩被捕后被带到美国，其党卫军身份被刻意隐瞒。他和他的V2工作小组一直在努力为美国建造火箭，这些人为美国太空技术的发展立下了汗马功劳。

除了人才资源的竞争，经济资源的竞争还表现为更为复杂的形式，即对自然资源、市场资源的激烈争夺。

中国改革开放四十年来的确取得了惊人的经济成就，特别是全国大市场的建立，对资源的有效配置、大企业的崛起起了重要的作用。但我们也应看到，由于片面学习西方自由市场经济理论，导致了一些不良后果。当代中国研究所研究员孙学文在2008年发表的题为《中国29年来对外开放、创办“三资”企业的分析研究报告》一文中指出：中国外贸依存度过高，且已超过所有工业发达国家和主要发展中国家；建立独资企业越来越成为在华外商的首选方式；外商主要掌控的是中国的制造业；给予外商投资者的“超国民待遇”，使我国国有经济和集体经济在竞争中处于不利地位；外商的投资重点偏向于东部地区……

孙学文先生通过列举大量数字，指出了上述问题的严重性：

在对外贸易中，到2006年，外企占中国外贸总额的58.9%，出口占58.2%，进口占59.7%。外企还分别占1991～2006年中国新增贸易额的61.4%，出口新增额的61.6%，进口新增额的61.6%。由此说明，外企不仅控制了中国对外贸易的主导权，还成为中国对外贸易新的增长点。中国外贸能从1978年列世界第27位上升至2001年第6位和2004年及以后的第3位（在美国、德国之后）贸易大国，外企的贡献率近三分之二。

**伊尹之谋告诉我们，无论是对内还是对外的经济活动，财富之流、经济主权绝对不能为别人所操控。否则，我们很可能无法把握自己的命运！**

## 二、商汤之谋：夏桀身边的“经济杀手”

**经济学阐微：**

明儒赵用贤（1535～1596年）对此评论道：“汤以至仁伐暴，何必如此？是战国阴阳之说，非管氏语也。”近人马非百称“赵说迂拘可笑”。冷战结束后，各国谍报机构都把刺探情报的中心转移到经济与科技情报方面。2009年8月，澳大利亚力拓公司间谍案就是一个最好的例子。

**原文：**

桓公问管子曰：“夫汤以七十里之薄，兼桀之天下，其故何也？”管子对曰：“桀者冬不为杠，夏不束柎，以观冻溺。弛牝虎充市，以观其惊骇。至汤而不然。夷疏而积粟，饥者食之，寒者衣之，不资者振之，天下归汤若流水。此桀之所以失其天下也。”桓公曰：“桀使汤得为是，其故何也？”管子曰：“女华者，桀之所爱也，汤事之以千金；曲逆者，桀之所善也，汤事之以千金。内则有女华之阴，外则有曲逆之阳，阴阳之议合，而得成其天子。此汤之阴谋也。”

**译文：**

桓公问管仲说：“商汤仅用七十里的薄地，就兼并了桀的天下，其原因何在呢？”管仲回答：“桀不许百姓冬天在河上架桥、夏天在河里渡筏，以便观赏人们受冻和受淹的情况。他把雌虎放在市街上，以便观赏人们惊骇的情态。商汤则不是如此。收贮蔬菜和粮食，对饥饿的人给饭吃，对挨冻的人给衣穿，对贫困的人给予救济，天下百姓归附商场如流水，这就是夏桀丧失天下的原因。”桓公说：“夏桀何以成就商汤的功业呢？”管仲说：“女华，是桀所宠爱的妃子，汤用千金去贿赂她；曲逆，是桀所亲近的大臣，汤也用千金去贿赂他。内部有女华的暗中相助，外则有曲逆公开相助，暗地与公开计议相配合，而汤得成其为天子。这是商汤的机密策略。”

**古今案例分析：**

在各个主权国家资本和商品全球竞争的二十一世纪，女华和曲逆那样从内部搞垮一个国家的“无形杀手”“盗国者”层出不穷。

2006 年 12 月，广东经济出版社出版了一本美国畅销书《一个经济杀手的自由》（Confessions of an Economic Hit Man），作者是约翰·珀金斯（John Perkins）。这本书难能可贵之处在于，作者不仅透露了大量的经济战内幕，还分析了当代经济战的残酷逻辑：这些经济杀手披着经济学家、银行家、国际金融顾问之类的合法外衣，其实肩负着建立美国全球霸权的战略任务，他们通过伪造财政报告、操纵选举、贿赂、敲诈、色诱乃至谋杀等手段，拉拢、腐蚀和控制他国的政治与经济精英，向他们提出蓄意制造的宏观经济分析和产业投资建议，诱骗发展中国家落入预设的经济陷阱，从而控制这些国家的经济命脉和自然资源，并通过欺骗手段让成千亿的美元源源不断地流入美国，为巩固、扩大美国经济、政治和军事霸权服务。

作者列举了大量摧毁他国经济的手段，这里我们仅以美国对厄瓜多尔和沙特阿拉伯发动的经济战为例。

厄瓜多尔拥有极其丰富的石油资源，为了“帮助”厄瓜多尔实现现代化，美国斥资十多亿美元建输油管道，让这个国家的石油源源不断地流向美国，而厄瓜多尔得到的是美元。在这些钱里面，每100美元就有75美元又回到了美国公司的手中，余下的25美元中有75%用来偿还“现代化”所欠的国债，除去政府开支，能用在国民医疗、教育和救助贫困人口上的就仅剩2.5美元。结果，厄瓜多尔所有的只是高失业率、更多的贫困人口和大量的外债。二十世纪八十年代初，厄瓜多尔总统罗尔多斯·阿吉莱拉曾向国会提交了新的能源法案，想用强硬手段改变外国石油公司对该国资源野蛮掠夺的状况。1981年5月24日，罗尔多斯总统在飞机事故中丧生，整个拉丁美洲人人义愤填膺，报纸公开指责这是中央情报局的暗杀行径！

二十世纪七十年代初石油危机后，美国为了重新实现对中东石油的控制，花了很大力气拉拢产油大国沙特阿拉伯，约翰·珀金斯曾亲自参与其中。他的工作是夸大对沙特阿拉伯经济的预测前景，作者写道："一旦向沙特阿拉伯的基础设施建设投入巨额资金，这里将有怎样的变化，同时我还需制定资金配置的具体方案。简言之，我就是要尽我所能，发挥创造力，极力夸大向沙特阿拉伯经济建设投入资金的含理性。当然，前提是让美国工程和建设公司得到合同。"

约翰·珀金斯回忆：1975 年他被派遣访问其中的一位关键人物"王子 W"，这位王子有一个爱好——迷恋金发美女。约翰·珀金斯承认："他的这种爱好帮了我大忙。"看来，二十一世纪的女华已经成了《花花公子》封面上的西方金发美女！

**《司马法·仁本》有言："故国虽大，好战必亡；天下虽安，忘战必危。"厄瓜多尔等国的教训告诉我们，进入二十一世纪，虽然尚未发生大规模的世界性战争，但经济战的硝烟却从来没有散去——"天下虽安，忘经济战必危"！我们必须警惕。**

## 三、士室之谋：用政令敛财

**经济学阐微：**

在中国古典经济理论中，国家主导经济生活是极为重要的，经济生活不能由自由放任的市场决定，所以"决塞"成为治国的七项原则、“七法”之一。《管子·七法第六》的作者认为：“驱众移民，不知决塞不可。”那么“决塞”的具体内容有哪些呢？《七法第六》详细解释：“予夺也、险易也、利害也、难易也、开闭也、杀生也，谓之决塞。”《山至数第七十六》强调：“圣人理之以徐疾，守之以决塞，夺之以轻重，行之以仁义。故与天壤同数，此王者之大誓也。”《地数第七十七》还说：“伊尹善通移、轻重，开阖、决塞，通于高下徐疾之策坐起之。”

文中的“士室”指每里所置的里尉办公、居住之处。士室之谋用行政手段，通过赎买垄断商品，人为提高商品价格获取财政收入，实现社会的转移支付。历史上这种做法常常遭到富人的反对，需要强有力的国家机器支撑才能实现。如果单凭穿丧服，靠道德感化，是不可能实现“损有余，补不足”的调控目标的。士室之谋的目的是抚恤战士，是法家“显耕战之士”的直接体现。

**原文：**

桓公欲赏死事之后，曰：“吾国者，衢处之国，馈食之都，虎狼之所栖也，今每战舆死扶伤，如孤，荼首之孙，仰傳戟之宝，吾无由与之，为之奈何？”管子对曰：“吾国之豪家，迁封、食邑而居者，君章之以物则物重，不章以物则物轻；守之以物则物重，不守以物则物轻。故迁封、食邑、富商、蓄贾、积余、藏羡、跱蓄之家，此吾国之豪也，故君请缟素而就士室，朝功臣、世家、迁封、食邑、积余、藏羡、跱蓄之家曰：‘城肥致冲，无委致围。天下有虑，齐独不与其谋？子大夫有五谷菽粟者勿敢左右，请以平贾取之子。’与之定其券契之齿。釜鏂之数，不得为侈弇焉。困穷之民闻而籴之，釜鏂无止，远通不推。国粟之贾坐长而四十倍。君出四十倍之粟以振孤寡，牧贫病，视独老穷而无子者，靡得相鬻而养之，勿使赴于沟浍之中，若此，则士争前战为颜行，不偷而为用，舆死扶伤，死者过半。此何故也？士非好战而轻死，轻重之分使然也。"

**译文：**

桓公想对死难者的后代进行抚恤，他说："我们国家，是处在四面受敌地位的国家，是依靠国外输入粮食的国家，又是虎狼野兽栖息的山区。现在每次战争都有死伤。对于死难者的孤儿，那些白发老人的孙子，对靠丈夫当兵过活的寡妇，没有东西救济他们，该怎么办？"

管仲回答："我们国家的豪门大族：那些升大官、有采邑囤积财物的人们，国君若控制这些人的财物，市场物价就可以上涨，不控制就下降；若把这些人的财物掌握起来，物价就可以上涨，不掌握就下降。因为当大官的、有采邑的、富商、蓄贾、积余财的、藏盈利的、囤积财物的人家，都是我们国家的富豪。所以，国君要穿上白布丧衣到士室去，召集那些功臣、世家、当大官的、有采邑的、积余财的、藏盈利的、囤积财物的人家，对他们说：'城防不固容易被敌人攻破，没有粮食贮备容易被敌人围困，天下各国都如此，齐国怎么能不加以考虑呢？你们各位大夫凡存有粮食的都不可自由处理。要用平价向你们收购。'接着就定好合同。粮食数量，不许他们夸大或缩小。这样一来，缺粮、无粮的百姓，都闻风而纷纷买粮，买多的买少的，络绎不绝；远道的近道的，不推而自来。国内粮价坐涨达四十倍。国君就可以拿出四十倍的粮食来赈济孤儿、寡妇，收养贫病之人，照顾穷而无子的孤老。使他们不至于卖身为奴而得到生活供养，也使他们不至于死于沟壑。这样，广大战士就会争先作战而勇往直前，不贪生惜命而为国效力，舆死扶伤，为国牺牲者可达到半数以上。这到底是什么原因呢？战士们并非好战而轻死，是轻重之术的作用使之如此的。"

**古今案例分析：**

战争总会使政府财政支出急剧增加，这时用某种手段聚敛财富是古今中外不同国家常用的方法。令人感到不可思议的是，有些"特殊经济方法"会固定下来，成为一种经济调控机制，所得税（income tax）就是这样。所得税实际上也是一种"损富人之有余"的制度设计，西方有些经济学家把累进所得税制看作是资本主义社会的"自动调节器"，是实现"财富均等化"的主要工具。

所得税是国家就法人或个人的所得征收的一种税。它的特点有：应纳税所得额一般指的是扣减费用以后的纯所得，严格按照纯所得征税，是征收所得税的基本原则。

那么所得税是如何产生的呢？

1798 年，英国为了弥补英法战争的临时经费需要，由财政大臣（后为首相）小皮特首创战时所得税。1802 年战争结束，征收中止。次年战事又起，英国又重新开征所得税，并宣布六个月后停征，实际上直到 1816 年战争结束才停征。1842 年英国又开征所得税，后来经过多次反复才成为永久性的税种。

战争确实会改变政府在经济生活中的地位。美国内战以前，政府的年度预算平均低于国民生产总值的 2%，是真正的“小政府”。但内战的需要改变了这一切，为大幅度增加财政收入，北部的联邦政府靠发行国债、增加税收（包括累进所得税），以及全面的金融体制改革（国家银行体系的建立和法定货币美钞的发行），打赢了经济战。南部联邦增加财政的方法是印刷纸币，当然收获的只有通货膨胀。南部联邦靠印发纸币筹集资金的 60%，靠税收筹集不足 5%，而北部联邦这两个数字分别为 13% 和 21%。所以，当南部邦联通货膨胀率超过 9000% 时，北部的生活费仅上约升 80%，然后慢慢下降，到战争结束后趋于平稳。

政治气候的极度不稳定会影响战时公债的发行。林肯的财政大臣萨蒙·P. 蔡斯比别人更了解这一点，他任命了费城的银行家杰伊·库克作为特别代理人去发售滞销的公债。杰伊·库克是历史上最伟大的推销员之一，到 1864 年 1 月，杰伊·库克的公司销售了价值 5.13 亿美元的合众国公债，认购数超过了计划发行量。

杰伊·库克没有像齐桓公一样“缟素而就士室”，但却在报纸上大登广告，宣扬购买公债既是崇高的爱国主义，又有看得见的实惠。他组织了 2500 个分销代理处在北部每一个地方销售公债。库克使人们自觉自愿地购买了政府的公债券。差不多有一百万北部人——每四家就有一家买了战时公债。

北部联邦林肯政府的税收政策很成功，1862 年 7 月 1 日林肯签署的岁入议案实际上对一切都要征税。其中，累进所得税规定：每年收入在 600 美元到 1 万美元的人，要纳 3% 的所得税；每年收入在 1 万美元以上的人，要纳 5% 的所得税（1864 年做了修正，加重了税率，收入在 600 美元以上的提高到 5%，收入在 1 万美元以上的提高到 10%）。比如纽约的大富翁斯图尔特每年收入为 400 万美元，他不得不缴纳 40 万美元的所得税，在内战期间政府的所得税收入达 5500 万美元。

中国古典经济理论主张为国家理财“见予之形，不见夺之理”。“士室之谋”没有向富人收税，而是通过平价购买的方法，将财富集中到政府手里，然后再用中国传统的轻重之术操纵价格，游刃有余地增加财政收入。这种既控制富人，又不剥夺富人的方法，在西方经济传统中是欠缺的；现实中累进所得税根本达不到“百姓均平”的效果，这也是导致当代资本主义社会资本家力量恶性膨胀的根本原因之一。

## 四、杠池之谋：消费可聚天下财

**经济学阐微：**

对于一个国家来说，光“发展生产，保障供给”是不够的，还要学会利用他国的资源。古书《道若秘》上说“物之所生，不若其所聚”，显然《管子》的作者将商业放到了经济政策的核心位置。通过人为增加需求的办法提高价格，敛天下之财，是杠池之谋的核心所在。这里需求的增加不是靠公共工程，而是靠加大物资（此处为牛马）的消耗，进行抬高这些物资的价格。

《管子·侈靡第三十五》的作者提倡侈奢消费只是为了百姓均平，为穷人提供工作机会（“富者靡之，贫者为之”），不是作为基本的经济政策。如今的美国社会，消费的目的不再是为了实际需求的满足，而是不断追求被制造出来、被刺激起来的欲望的满足。人人乘上“欲望号”列车不能自拔——美利坚式的消费主义看不到自然环境对经济体系的制约，一味宣传个人成就只能通过金钱上的成功、商品的购买来表现——这一点不值得我们学习。

**原文：**

桓公曰：“皮、干、筋、角之征甚重。重籍于民而贵市之皮、干、筋、角，非为国之数也。”管子对曰：“请以令高杠柴池，使东西不相睹，南北不相见。”桓公曰：“诺。”行事期年，而皮、干、筋、角之征去分，民之籍去分。桓公召管子而问曰：“此何故也？”管子对曰：“杠、池平之时，夫妻服辇，轻至百里，今高杠柴池，东西南北不相睹，天酸然雨，十人之力不能上；广泽遇雨，十人之力不可得而恃。夫舍牛马之力所无因。牛马绝罢，而相继死其所者相望，皮、干、筋、角徒予人而莫之取。牛马之贾必坐长而百倍。天下闻之，必离其牛马而归齐若流。故高杠柴池，所以致天下之牛马而损民之籍也，《道若秘》云：‘物之所生，不若其所聚。’”

**译文：**

桓公说："皮、干、筋、角四种兵器材料的征收太重了。由于重征于百姓而使市场上皮、干、筋、角的价格昂贵，这不是治国之法。"管仲回答："请下令修筑高桥深池，使行人站在桥东看不到桥西，站在桥南看不到桥北。"桓公说："可以。"过了一年，皮、干、筋、角的征收减少一半。人民在这方面的负担也就减少了一半。桓公召见管仲询问说："这是什么缘故?"管仲回答："桥和池平坦的时候，夫妻两人拉着车子，可以轻松地走百里路。现在高架桥而深挖池，东西南北的行人互相看不到对方，一旦天下小雨，十个人的力量也不能推车上桥；洼地遇雨，十个人的力量也靠不住。除了利用牛马的力量别无其他方法。牛、马、骡被累坏了，而且不断死在路上，牛马的皮、干、筋、角白送都没有人要。牛马的价格也必然上涨百倍。天下各诸侯听到这个消息，势必像流水一样赶着牛马到齐国抛卖。所以，高架桥而深挖池，正是用来招引天下的牛马而减少人民这项负担的办法。诚如《道若秘》所说：'重视财物的生产，不如重视财物的收聚。'"

## 五、鹄鶡之谋：移风易俗，改进技术

**经济学阐微：**

《管子·权修第三》说："教训成俗而刑罚省。"这不仅适用于政治，也适应于经济。通过重奖那些射猎飞得高的天鹅、鶡鸡的人家，驱使人们改良弓箭的质量，此真为不言之教！如果整个国家形成了某种好的风气，必然带动相关产业的发展。比如民族尚武，那么这个国家的军工业一定会更容易取得发展。瑞士人尚武，其军刀质量横绝天下即为一例。

在改革开放初期，国家通过多种手段鼓励“重点户”“专业户”发展，极大地促进了农村生产力。

**原文：**

桓公曰：“弓弩多匡軫者，而重籍于民，奉缮工，而使弓弩多匡軫者，其故何也?”管子对曰：“鹅鹜之舍近，鹍鸡、鹄、鸨之通远。鹄鹍（kūn）之所在，君请式璧而聘之。”桓公曰：“诺。”行事期年，而上无阙者，前无趋人。三月解医，弓弩无匡軫者。召管子而问曰：“此何故也?”管子对曰：“鹄鹍之所在，君式璧而聘之。菹泽之民闻之，越平而射远，非十钧之弩不能中鹍鸡鹄鸨。彼十钧之弩，不得棐檄不能自正。故三月解医而弓弩无匡軫者，此何故也？以其家习其所也。”

**译文：**

桓公说：“我们的弓弩很多扭曲不好用的。我们向百姓收取重税，养活工匠，而弓弩反多扭曲碍用，这个原因是什么?”管仲回答：“鹅、鸭的窝巢很低，鹍鸡、天鹅和大鸨则飞行很高。对于射有天鹅、鹍鸡的人家，请君上您送上玉璧去聘请他们。”桓公说：“可以。”过了一年，上面的弓弩供应没有短缺不足，眼前也没有随处奔走的闲人了。三个月解开弓衣检查，弓弩也没有扭曲不能用的了。桓公召见管仲询问说：“这是什么原因呢？”管仲回答：“对于射有天鹅、鹍鸡的人家，您用玉璧礼聘，住在水草丰茂地方的百姓们知道以后，就都要越过平地去远方射猎。另外，没有三百斤拉力的硬弓，就不能射中鹍鸡、天鹅和大鸨。那些具有三百斤拉力的硬弓，如不使用矫正弓身的‘棐撤’，它本身是不会正的。所以，三个月解开弓衣而弓弩没有扭曲碍用的，其原因何在呢？就是因为做弓的人家都熟悉这项专业的缘故。”

**古今案例分析：**

古代中国人对技术的孜孜以求在某种程度上超过了现代，不仅有严格的技术考核标准，还有具体的奖励措施，这首先是出于战争的需要。《管子·七法第六》指出：“为兵之数：存乎聚财，而财无敌；存乎论工，而工无敌；存乎制器……是以欲正天下，财不盖天下，不能正天下；财盖天下，而工不盖天下，不能正天下；工盖天下，而器不盖天下，不能正天下。”

要武器精良，就要有必要的考评。这种工作一般在春秋两季进行，对于不合格的产品，不能进入武器库。《管子·七法第六》中说：“故聚天下之精材，论百工之锐器，春秋角试以练，精锐为右。成器不课不用，不试不藏。”

目前中国所能见到的最早技术考核标准文献是《考工记》，许多学者认为，《考工记》当是齐国官书，是齐国政府制定的指导、监督和考核官府手工业、工匠劳动制度的书，作者可能是齐稷下学宫的学者。

同作于稷下的《管子》记载了对有一技之长的人的具体奖励措施，为了使他们的技艺流传下去，政府还专门派人将这些人的知识记录下来，藏于官府。后来这种制度显然消失了，导致明清许多重要军事技术因为技术专家的去世而失传。

现代工业社会，科学人才、技术人才、管理人才和教育人才组成的生产知识体系是一个国家的脊梁，这需要在全社会形成一种科学实践精神。日本在这方面的经验值得我们学习。长期在日本工作的钟庆博士曾向笔者介绍日本人的科学教育，令人感慨万端，他说："科学精神是比科学知识更重要的东西。有了科学精神，无限的科学知识可以通过研究得来，如果科学精神不在了，再多的科学知识也只是别人的财富。人在求学的最初阶段，科学精神的灌输比科学知识的灌输更重要。日本的小学课程极少，每天早早放学，基本没有家庭作业，即使有也是查资料调查之类的轻松事情。上课也不正规，经常请山野匹夫、三教九流来做报告。经常组织学生去旅游参观，如去未来科学馆、船舶科学馆、江户博物馆等，许多大企业也在参观之列。未来科学馆展示了日本的最新技术成就，H2 火箭发动机、磁浮列车、太空舱、机器人、燃料电池……或实物，或模型，或原理演示。很多展品还可以实际操作和实验，工作人员在旁耐心地解说、指导和答疑。在这里，孩子们被种下了科学精神和实践的种子，培养了科学的兴趣。"

钟庆博士还说，每次想到日本的科学教育，就想到自己在中国的童年，青少年宫、航模队、无线电小组……他说当时小学校有航模队，自己动手组装模型飞机，很锻炼人，现在做工程，非本专业的知识，基本都是那个时代留下的——实际工程能力的培养是多么重要啊！

在冷兵器时代，鹄鹍之谋成就了齐国强大的弓箭制造业。在二十一世纪，科学实践精神的培养是成就一个强大国家的基础。

## 六、五吏之谋：向鬼神征税

**经济学阐微：**

大道无形，经济政策亦然。通过对尧时代五个功臣的纪念，一方面教育的世人；另一方面在祭祀中，以鱼为牲，扩大了对鱼的需求，国家增加了鱼税，这里礼义与利益有机地结合在一起，不可谓不精妙。

《管子·地数第七十七》指出，国家为了垄断自然资源，也要采取义利结合的手段。对于发现矿苗的山，要严格封山并布置祭祀，离封山十里之处造一个祭坛，使乘车到此者下车而过，步行到此者快步而行，违令者死罪不赦，这样人们就不敢随便开采了。（原文：苟山之见其荣者，君谨封而祭之。距封十里而为一坛，是则使乘者下行，行者趋，若犯令者，罪死不赦，然则与折取之远矣。）

**原文：**

桓公曰："寡人欲藉于室屋。"管子对曰："不可，是毁成也。""欲藉于万民。"管子曰："不可，是隐情也。""欲藉于六畜。"管子对曰："不可，是杀生也。""欲藉于树木。"管子对曰："不可，是伐生也。""然则寡人安藉而可？"管子对曰："君请藉于鬼神。"桓公忽然作色曰："万民、室屋、六畜、树木且不可得藉：鬼神乃可得而藉夫？"管子对曰："厌宜乘势，事之利得也；计议因权，事之囿大也。王者乘势，圣人乘幼，与物皆宜。"桓公曰："行事奈何？"管子对曰："昔尧之五吏无所食，君请立五厉之祭，祭尧之五吏，春献兰，秋敛落；原鱼以为脯，鲵以为殽。若此，则泽鱼之正，伯倍异日，则无屋粟邦布之藉。此之谓设之以祈祥，推之以礼义也。然则自足，何求于民也？"

**译文：**

桓公说："我想要征收房屋税。"管仲回答："不行，这等于毁坏房屋。"又说："我想征人口税。"管仲回答："不行，这等于让人们压制情欲。"又说："我想要征收牲畜税。"管仲回答："不行，这等于叫人们宰杀幼畜。"又说："我想征收树木税。"管仲回答："不行，这等于叫人们砍伐幼树。""那么，我征收什么税才行呢。"管仲回答："请您向鬼神征税。"桓公很不高兴地说："人口、房屋、牲畜、树木尚且不能征税，还能向鬼神征税吗？"管仲回答："行事合宜而乘势，就可以得到好处；谋事利用权术，就可以得到大助。王者善于运用时势，圣人善于运用神秘，使万事各得其宜。”桓公说：“做法如何？”管仲回答：“从前尧有五个功臣，现在无人祭祀，君上您建立五位死者的祭祀制度，让人们来祭祀尧的五个功臣。春天敬献兰花，秋天收新谷为祭；用生鱼做成鱼干祭品，用小鱼做成菜肴祭品。这样，国家的鱼税收入可以比从前增加百倍，那就无需敛取罚款和征收人口税了。这就叫作举行了鬼神祭祀，又推行了礼义教化。既然满足了财政需要，何必再向百姓求索呢？”

**古今案例分析：**

中华大地上五千年绵绵不绝的文明史留下了太多的文物古迹，它们常常能够带动地方旅游业的发展。表面上看来，这种文化旅游与“五吏之谋”通过祭祀先贤发展经济有相似之处，但在本质上，我们却失去了文物旅游背后真正的人文精神。

中华民族的发展路径不同于西方文明，它不是由种族基本特征和法定公民身份确立的，它是由历史和伦理原则确立的。如果我们失去了历史感和文明精神，请问，中华民族还有什么？

历史上各王朝都非常重视修葺和保护先朝皇陵和往圣先贤的坟墓，如置守陵户、禁止在其周围采樵放牧、定期派员巡查祭祀等。明太祖朱元璋洪武八年下诏令说：“遣官省历代帝王陵寝，禁刍牧，置守陵户。忠臣烈士祠，有司以时葺治。”

国家还对盗墓者给予严惩，《淮南子·氾论训》上说：“天下县官法曰：发墓者诛，窃盗者刑。”挖别人的祖坟被国人看作是最不能容忍的事情，因为墓葬不仅寄托着生者的亲情，还是我们生命延续的象征。在古代帝制中，最高领袖皇帝的坟墓本身就是国家存在的标志，是团结整个民族精神的强大的力量。

2008 年 3 月，在全国政协十一届一次会议上，陕西的全国政协委员李晓东、王二虎、周一波、王西林联名提交提案，建议每年清明节黄帝陵祭祖活动由全国人大、国务院、全国政协共同主办，陕西省政府或国内各省轮流承办，国家主要领导人担当主祭，各省负责人率团、港澳台地区代表、海外各国华人代表共同参加祭祀，电视全球转播，进而把祭祀黄帝上升为国家级的大典，以便接续中华民族数千年祭奠人文史祖的传统。他们在提案中指出，位于陕西省黄陵县桥山的黄帝陵号称“天下第一陵”，是海内外华人尊崇和景仰的地方。中华民族祭祀活动源远流长，早在春秋战国时期就有了祭祀黄帝的活动。此后，历朝历代的统治者，几乎都曾经亲自或派人祭过黄帝陵。将黄帝陵祭祀活动上升为国家层面，这样有利于传播我们中华文化，有利于团结、有利于凝聚各方面的力量，增强全球华人的文化认同。

中华民族本质是具有崇高伦理道德的文明有机体，这个有机体的形成不是靠法律、暴力维系和壮大的，而主要是靠文化的融合与认同，我们不仅要祭祀黄帝，还要祭祀所有为中华文明的发展做出了巨大贡献的先人：黄帝、大禹、商汤、伊尹、周公、管仲、老子、孔子、商鞅、秦始皇、汉武帝、张骞、唐太宗、左宗棠、毛泽东……

**当众多古迹景区成为中华民族的祭祀圣地时，我们才真正懂得了五吏之谋的真义——义与利的统一！**

## 七、水豫之谋：战争是经济的延续

**经济学阐微：**

水豫之谋与鹊鹍之谋有相通之处，二者显然属兵谋，何以进入轻重之术？因为军事和经济是紧密联系的，政经一体。**如果说战争是政治的延续，那么我们也可以说战争是经济的延续——特别是在二十一世纪的今天，战争中的经济因素已经越来越明显。**

马非百先生认为此事当以汉武帝时代之事迹为背景，“隐三川，立员都，立大舟之都”即影射汉武穿昆明池练水军一事，而当时主管这一巨大工程的正好是管理经济的水衡都尉。专记经济事物的《史记·平准书》两次提到开凿昆明湖一事，上面说：“初，大农管盐铁官布多，置水衡，欲以主盐铁。及杨可告缗钱，上林财物众，乃令水衡主上林。上林既充满，益广。是时越欲与汉用船战逐，乃大修昆明池，列观环之。治楼船，高十余丈，旗帜加其上，甚壮。”

**原文：**

桓公曰：“天下之国，莫强于越，今寡人欲北举事孤竹、离枝，恐越人之至，为此有道乎？”管子对曰：“君请遏原流，大夫立沼池，令以矩游为乐，则越人安敢至？”桓公曰：“行事奈何？”管子对曰：“请以令隐三川，立员都，立大舟之都。大舟之都有深渊，垒十仞。令曰：‘能游者赐千金。’未能用金千，齐民之游水，不避吴越。”桓公终北举事于孤竹、离枝。越人果至，隐曲菑以水齐。管子有扶身之士五万人，以待战于曲菑，大败越人。此之谓水豫。

**译文：**

桓公说：“天下各国，没有比越国再强的了。现在我想北伐孤竹、离枝，恐怕越国乘虚而至，有办法解决这个问题吗?”管仲回答：“请君上阻住原山的流水，让大夫建筑游水大池，让人们跳水游水为乐。这样，越国还敢乘虚而至吗?”桓公说：“具体做法如何?”管仲回答：“请下令修筑三川、建圆形水池，还要修造能行大船的湖。这个行大船的湖应有深渊，深度达七十尺。然后下令说：‘能游者赏十金。’还没有用去千金，齐国人的游泳技术就不弱于吴越的人了。”桓公后来北伐孤竹和离枝。越国兵果然来了，筑堤屯堵菑水的曲处淹灌齐国。但管仲有善于游泳的战士五万人，应战于菑水的曲处，大败越军。这叫作水战前有所备。

**古今案例分析：**

兵者，死生之地，存亡之道。为了实现最后的胜利，常常需要花费巨大的人力和物力进行准备，如果缺乏战争的准备或准备不充分，结果将是灾难性的。一个典型的例子就是建安十三年（公元208年）的赤壁之战。

对于曹操折戟赤壁的故事，一般老百姓耳熟能详。207年曹操消灭袁绍残余力量北征乌桓凯旋归来后，一回到邺城（今河北临漳西南)，就着手统一南方的军事准备，首先是在邺城凿玄武池以训练水军。但从公元208年正月凿玄武池训练水军到是年七月曹操率十万大军南征，只有半年时间，不习水战的北方士兵不可能得到充分的训练。

为《三国志》作注的南朝裴松之（372～451年）认为曹公赤壁之败的原因是疫病，他说："至于赤壁之败，盖有运数。实由疾役大兴，以损凌厉之峰，凯风自南，用成焚如之势。天实为之，岂人事哉?"今天也有专家称赤壁之战的战场恰恰是血吸虫病严重流行的地区，而且时间又是血吸虫病的感染季节。据历史记载，瘟疫的确削弱了曹军的战斗力，但曹操大败的主要原因还是北方士兵不习水战，军事准备不足，玄武池练兵仅半年就匆忙上阵。

战争准备是决定战争胜负的关键环节，一个国家在生产大炮与黄油的经济选择中，必须谨慎决策，绝对不能在和平年代鼠目寸光，看不见硝烟就忽视重化工业和国防工业，转而主要发展轻工业——特别是在目前这种主权国家分立，劳动力流动越来越不自由的时代——远大的战略目标，充分的战争准备最终关系到一国国运。

"二战"以前，斯大林敏锐摸到了历史的脉搏，他知道，必须做好充分的战争准备，苏联才能生存下去。1931年，他在题为《论经济工作人员的任务》的著名演说中指出："由于苏联是唯一的社会主义国家，处于敌对的资本主义包围中。苏联经济技术十分落后，而周围的资本主义国家技术先进、工业发达。如果苏联不能在短时期消灭这种落后性，不发展工业，不建立军事工业，不迅速巩固国防，帝国主义随时可能发动军事干涉和侵略，扼杀苏维埃政权。”（摘自《斯大林选集》下，人民出版社，1999 年）不难看出，斯大林的重点是按当时的战略需要集中加快发展重工业和军事工业。斯大林不是好战分子，事实上他曾反复说明，不是他非要反对优先发展轻工业不可，而是迫在眉睫的战争危险不允许这样做；如果德国已经建立了无产阶级专政的国家，那苏联的工业化当然可以从轻工业入手，可惜德国不但不是无产阶级专政的国家，而且是正在走向法西斯化的国家。

历史证明，斯大林是对的，正是苏联的铁甲军团抵御了纳粹德国的疯狂进攻，改变了第二次世界大战的整个战局以及人类历史进程。苏联反法西斯战争的经验告诉人们，一个国家要想避免陷入被动挨打的局面，提前做好反侵略战争的准备是十分必要的。在和平建设时期，一个国家始终不能忘记建立和完善自己完整独立的工业体系，建立强大的军事工业；如果我们只埋头单纯的经济建设而不在国防建设上做出努力，就会在突发的战争面前丧失战争主动权，陷入危困的境地。

《管子·立政第四》警告说：“寝兵之说胜，则险阻不守。”《立政九败解第六十五》对此进行了详细的解释：“人君唯毋听寝兵，则群臣宾客莫敢言兵。然则内之不知国之治乱，外之不知诸侯强弱，如是则城郭毁坏，莫之筑补；甲弊兵雕，莫之修缮。如是则守圉之备毁矣。”

## 八、北泽之谋：因祸得财

**经济学阐微：**

万物相克相生，祸福亦然。大灾之后，常常是一个地区基础设施改造和产业升级的大好时机。但我们不能忘记，防灾永远是第一位的。《管子·立政第四》提到的国家最高领袖要注意解决的五个问题中，前两个都是关于灾害的。作者认为火灾、水灾不防会直接导致国家的贫困。上面说：“君之所务者五：一曰山泽不救于火，草木不殖成，国之贫也；二曰沟渎不遂于隘，障水不安其藏，国之贫也。”

管仲时代的火灾会使薪柴价格上涨，农民收入增加。问题是，当代中国粮食及肉类价格的上涨受惠者常常主要不是农民，而是那些中间商。中国政治经济的原则是“损有余补不足”，现在却常常是“损不足以奉有余”，《老子·第七十七章》言：“天之道，损有余而补不足；人之道，则不然，损不足以奉有余。”我们不能忽视这一点。

**原文：**

齐之北泽烧，火光照堂下。管子入贺桓公曰：“吾田野辟，农夫必有百倍之利矣。”是岁租税九月而具，粟又美。桓公召管子而问曰：“此何故也？”管子对曰：“万乘之国、千乘之国，不能无薪而炊。今北泽烧，莫之续，则是农夫得居装而卖其薪荛，一束十倍。

则春有以傳耜，夏有以决芸。此租税所以九月而具也。”

**译文：**

齐国的北部草泽发生大火，火光照到齐国的朝堂之下。管仲祝贺桓公说：“我国的土地将得到开辟，农民也一定有百倍的财利可得了。”当年的租税果然在九月就交纳完毕，粮食的收成也好。桓公召见管仲询问说：“这是什么原因呢?”管仲回答：“任何万乘之国或千乘之国，做饭都不能没有柴草。现在北部草泽起火，柴草无以为继。这样，农夫从容装车出卖薪柴，一捆柴草可以价高十倍。春天得以耕种土地，夏天得以除草耘苗。这就是租税能在九月交纳完毕的原因。”

**古今案例分析：**

“祸兮福之所倚”，某些灾祸同样会成为经济发展的巨大契机，就像北泽之中的大火给齐国的农民带来巨大收益一样。

第一次世界大战（1914 年 8 月至 1918 年 11 月）是一场主要发生在欧洲但波及全世界的大战，是历史上破坏性最强的战争之一。大约有 65，000，000 人参战，10，000，000 人失去了生命，20，000，000 人受伤。不过这场残酷的战争却给远东日本、中国的经济发展提供了机遇。

首先，这些后发国家的外部的竞争突然消失了，欧洲甚至需要从东方进口武器和军需，所有这一切都极大地促进了后者的工业化进程。在中国出现了一个民族工业发展的“黄金时代”。

战前中国的棉纱市场向来为英、日、美几国所垄断，其中英国占据优势地位。在战时以及战后世界资本主义危机中，英国棉纱棉布产量大减，对中国的输出自然也减少了。日本棉纱本来可以乘机取代英国在中国的垄断地位，但是由于中国基本上属粗纱市场，而战时日本大量生产的细纱不适用于中国，再加上当时日本本国的织布业迅速发展，需用棉纱量大。因此，日本对华输出的棉纱也减少了。市场上的洋纱供给减少，而需求仍然很大，这就使棉纱的价格上涨，盈利增加。在高额利润的刺激下，商业资本纷纷转向纱厂投资。当时全国纺织业中最具影响的有张謇的大生纱厂、上海的申新纱厂、徐荣廷的裕大华棉纺集团等。

再比如面粉业。我国的面粉工业是在二十世纪初才开始发展的，基础十分薄弱，国内所需面粉一向依靠进口洋面。大战爆发后，各国忙于战争，农业减产，民用工业紧缩，军食需求大增，所以不能像战前那样把面粉源源运来中国。这样，国内市场上就出现了对国产面粉的迫切需求。更为有利的是，大战进行期间，各国还反过来向中国购买面粉。最初是俄国，其后英国、法国、菲律宾、南洋各地，甚至日本都成为我国面粉输出的对象。国内外市场的扩大，促使面粉厂迅速增加。

除了纺织业，面粉业，我国的民族搪瓷业、玻璃业、橡胶业等也是在此时创立起来的。进入二十世纪二十年代，西方国家逐步走出战争的阴影，纷纷要“回到市场”，重新进入中国市场。在这种情况下，由于缺乏必要的产业保护措施，中国民族工业的发展受到重大打击，战时暂时取得的一些市场纷纷失去，中国民族工业开始走下坡路。

除了第一次世界大战的外部因素，当时中国政府出台的有利于工商业者的法规也为中国民族工业的发展提供了有益的政策环境。据统计，1912 年至 1916 年，北京政府颁布的发展实业的条例、章程、细则、法规等八十多项，涉及农业、工业、商业、矿业、渔业、林业等很多方面。主要内容有：解除对民间兴办工商企业的限制；实行专利制度，奖励植棉、制糖、牧羊；对新办企业予以优惠政策，实行保息制度，对民族工业品及其原料减免捐税；设立各种示范场所，推广技术，劝导人们创办实业；筹办国货展览会和组织参加外国博览会等。

看来，“时”的因素的确是经济发展中的重要因素之一——这是西方经济学较少关注的问题。

## 九、北郭之谋：促进分工，发展经济

**经济学阐微：**

北郭之谋说明，在中国古代农业社会少有机器辅助生产的情况下，当时的人们已经注意到合理劳动分工不仅会提高生产率，还有利于整个社会的和谐发展。亚当·斯密在十八世纪英国制针厂里似乎更多地看到了前者，他没有看到的是：不合理的社会分工会使社会出现巨大的鸿沟，最终影响整个经济体。

《管子》的作者和亚当·斯密都强调劳动分工促进生产力的

原因主要包括两点：一是劳动者的技巧因专业而日进；二是由一种工作转到另一种工作，通常需损失不少时间，有了分工就可以免除这种损失；《管子》的劳动分工理论集中体现在其“四民分业”的思想中。在今天看来，《管子》书中提到的“子从父业”制度有其保守性，但在当时教育资源贫乏的情况下，父兄教授，耳提面命，可减少子弟学习的盲目性，少走弯路。且父子兄弟不存在技术保密的问题，父辈可以毫无保留地将其掌握的生产技术传授给子弟。这些对于人才的培养、手工业技术水平的提高起着很大的促进作用。

**原文：**

桓公忧北郭民之贫，召管子而问曰：“北郭者，尽屦缕之甿也，以唐园为本利，为此有道乎？”管子对曰：“请以令：禁百钟之家不得事鞒，千钟之家不得为唐园，去市三百步者不得树葵菜，若此，则空闲有以相给资，则北郭之甿有所雠。其手搔之功，唐园之利，故有十倍之利。”

**译文：**

桓公忧虑北郭百姓的贫苦生活，召见管仲询问说：“住在北郭的都是编织草鞋的贫民，又以种菜为主要收入来源，有办法帮助他们吗？”管仲回答：“请下令，有百钟存粮的富家不得做鞋，有千钟存粮的富家不得经营菜园，住在城郊三百步以内的家庭不得自种蔬菜。这样失业的人家就可以得到帮助，北郭的贫民就可以打开产品销路。他们的劳动成果和菜园收入，都将由此有十倍的大利。”

**古今案例分析：**

中国的劳动分工思想出现极早，可以上溯到西周时期，到春秋战国时已经发展成为相当成熟的理论。《荀子·君道第十二》认为，只有良好的社会分工才会实现社会的治理。上面说：“人之百事，如耳目鼻口之不可以相借官也。故职分而民不慢，次定而序不乱，兼听齐明而百事不留。如是，则臣下百吏至于庶人莫不修己而后敢安止，诚能而后敢受职。百姓易俗，小人变心，奸怪之属莫不反悫，夫是之谓政教之极。”（意为：人们的各种工作，就像耳朵、眼睛、鼻子、嘴巴等不可以互相替代官能一样。所以，职务划分后，民众就不会再谋求他职；等级确定后，秩序就不会混乱；同时听取各种意见，完全明察一切，那么各种工作就不会拖拉。像这样，大臣百官直到平民百姓就无不提高了自己的修养以后才敢安居，真正有了才能以后才敢接受官职；百姓改变了习俗，小人转变了思想，奸邪怪僻之流无不转向诚实谨慎，这就叫作政治教化的最高境界。）

中国古典经济思想对百姓均平的重视是西方现代经济理论所欠缺的。《管子·侈靡第三十五》中所讲的“夺余满，补不足，以通政事”原则，不仅应用于丰年储备，也适用于社会各阶层利益的调节。

对于《侈靡第三十五》，过去许多学者受西方单向线性思维的影响，认为相对于传统节俭思想，本篇主张奢侈消费，纯属异类。持这种观点，是因为这些学者没有理解《侈靡第三十五》的主旨，如果我们通读全篇就会发现，作者提倡高消费是为了为贫人创造就业机会，进而实现“民相利”，所以作者言富侈处必言“贫为”。

历史上行北郭之谋者如战国时鲁相公仪休，为了让农民和织妇更容易卖掉他们生产的货物，他干脆拔掉了自家园中的蔬菜，烧毁了自家的织机。《史记·循吏列传》载：“公仪休者，鲁博士也。以高弟为鲁相。奉法循理。无所变更，百官自正，使食禄者不得与下民争利，受大者不得取小……（公仪休）食茹（蔬菜的总称）而美，拔其园葵而弃之。见其家织布好，而疾出其家妇，燔其机，云‘欲令农士工女安所雠（出售）其货乎’？”

“食禄者不得与下民争利”的思想对后世产生了广泛的影响。一方面，它减少了政治权力危害经济生活的机会，有利于公平市场秩序的形成；另一方面，后世一些儒生将这句话作为反对国家参与市场的理由，导致儒家自由主义小农经济长时期内盛行。

## 十、渠展之谋：垄断资源，取税天下

**经济学阐微：**

在世界没有实现政治统一的现实条件下，国富才能国强，国强才能称雄天下。渠展之谋是《管子》作者“官山海”思想的具体体现，通过对战略资源的垄断，取税天下，如不竭之水。

假如拥有巨大能源的国家得此术，也必可成“阴王之业”。怎奈，这些国家怀中有宝，却不能自卫，只能纷纷仰人鼻息。**一个国家就算有丰富的人力和物力资源，不通轻重之术，不是作世界的“矿场”就是作世界的“工厂”，悲夫！**

**原文：**

管子曰：“阴王之国有三，而齐与在焉。”桓公曰：“此若言可得闻乎？”管子对曰：“楚有汝、汉之黄金，而齐有渠展之盐，燕有辽东之煮，此阴王之国也。且楚之有黄金，中齐有菑石也。苟有操之不工，用之不善，天下倪而是耳。使夷吾得居楚之黄金，吾能令农毋耕而食，女毋织而衣。今齐有渠展之盐，请君伐菹薪，煮沸火水为盐，正而积之。”桓公曰：“诺。”十月始正，至于正月，成盐三万六千钟。召管子而问曰：“安用此盐而可？”管子对曰：“孟春既至，农事且起。大夫无得缮冢墓，理宫室，立台榭，筑墙垣。北海之众无得聚庸而煮盐。若此，则盐必坐长而十倍。”桓公曰：“善。行事奈何？”管子对曰：“请以令粜之梁、赵、宋、卫、濮阳，彼尽馈食之也。国无盐则肿，守圉之国，用盐独甚。”桓公曰：“诺。”乃以令使粜之，得成金万一千余斤。桓公召管子而问曰：“安用金而可？”管子对曰：“请以令使贺献、出正籍者必以金，金坐长而百倍。运金之重以衡万物，尽归于君。故此所谓用若挹于河海，若输之给马。此阴王之业。”

**译文：**

管仲说："大地资源最丰富的国家有三个，齐国也在其内。"桓公说："这话的含义能说给我听听吗？"管仲回答："楚国有汝河、汉水的黄金，齐国有渠展所产的盐，燕国有辽东所产的盐。这当然是大地资源丰富的国家。不过楚国的拥有黄金，相当于齐国拥有菑石，如果经营不好，运用不当，天下也是不以为贵的。若是我管夷吾拥有楚国的黄金，就可以使农民不耕而食，妇女不织而衣了。现今齐国既拥有渠展的盐产，就请君上您下令砍柴煮盐，然后由政府征收而积存起来。"桓公说："好。"从十月开始征集，到次年正月，共有成盐三万六千钟。于是桓公召见管仲说："这些盐要怎样经营运用？"管仲回答："初春一到，农事即已开始，规定各大夫家里不得修坟、修屋、建台榭和砌墙垣，同时就规定北海沿岸的人们不得聚众雇人煮盐。这样，盐价一定要上涨十倍。"桓公说："好。下一步如何行事？"管仲回答："请下令卖到梁、赵、宋、卫和濮阳等地。它们都是靠输入食盐过活的。国内无盐则人们浮肿，守卫自己国家，用盐特别重要。"桓公说："好。"于是下令出卖，共得黄金一万一千多斤。桓公又召见管仲询问："如何用这些黄金呢？"管仲回答："请下令规定，凡朝贺献礼或交纳捐税的都必须使用黄金，金价将上涨百倍。运用黄金的高价收入，来折算收购各种物资，一切财富就全都归于君上了。所以，这就是所谓用财像从河海中取水一样丰富，又像不断地送来计算钱数的筹码一般。这就是大地资源丰富国家的事业。"

## 十一、癸乙之谋：去兼并，通万物

**经济学阐微：**

胡家聪先生认为，本文的"'轻重家'系古称，为当时'百家争鸣'中专精理财的一家"。[①] 北京师范大学的周桂钿教授区分了商家和轻重家，指出商家总结经营经验教训，形成经营理论。轻重家是中国古代政治经济学家，利用政权干预经济，调控市场，平衡社会各阶层的利益。他在2004年12月13日的《北京日报》上撰文称："关于诸子百家，儒家、法家、道家、墨家等广为人知，而轻重家鲜为人知。《管子·轻重甲》中就提到了'轻重之家'这个概念，指对国家物资和民用物资的流通、调剂发表看法的政治经济学家。"轻重家癸（guǐ）乙生于商业气息浓重的周地。《汉书·地理志》称此地人"巧伪趋利，贵财贱义，高富下贫，喜为商贾，不好仕宦"。

癸乙在这里运用行政手段干预经济，节制资本（非剥夺资本），实现"散积聚，调高下，分并财"。但从更普遍意义上来说，**轻重之术是尊重价值规律的。它既不是自由市场经济，也不是计划经济，而是国家代表国民整体利益运用价值规律去驾驭市场的经济学**。在癸乙之谋中，虚似人物癸乙主张用强硬征收富人财物的方法实现抑兼并的政策目标，这与中国古典经济思想主张

---

① 胡家聪：《管子新探》，中国社会科学出版社，2003年版，第163页。

“不见夺之理”相矛盾。作者似乎在强调，抑兼并是一个社会所必需的——哪怕用最强硬的手段！

**原文：**

管子曰：“今为国有地牧民者，务在四时，守在仓廪。国多财则远者来，地辟举则民留处；仓廪实则知礼节，衣食足则知荣辱。今君躬犁垦田，耕发草土，得其谷矣。民人之食，有人若干步亩之数，然而有饿馁于衢间者何也？谷有所藏也。今君铸钱立币，民通移，人有百十之数，然而民有卖子者何也？财有所并也。故为人君不能散积聚，调高下，分并财，君虽强本趣耕，发草立币而无止，民犹若不足也。”桓公问于管子曰：“今欲调高下，分并财，散积聚。不然，则世且并兼而无止，蓄余藏羡而不息，贫贱鳏寡独老不与得焉。散之有道，分之有数乎？”管子对曰：“唯轻重之家为能散之耳，请以令轻重之家。”恒公曰：“诺。”束车五乘，迎癸乙于周下原。桓公因与癸乙、管子、宁戚相与四坐，桓公曰：“请问轻重之数。”癸乙曰：“重籍其民者失其下，数欺诸侯者无权与。”管子差肩而问曰：“吾不籍吾民，何以奉车革？不籍吾民，何以待邻国？”癸乙曰：“唯好心为可耳！夫好心则万物通，万物通则万物运，万物运则万物贱，万物贱则万物可因。知万物之可因而不因者，夺于天下。夺于天下者，国之大贼也。”桓公曰，“请问好心万物之可因？”癸乙曰：“有余富无余乘者，责之卿诸侯。足其所，不赂其游者，责之令大夫。若此则万物通，万物通则万物运，万物运则万物贱，万物贱则万物可因矣。故知三准同策者能为天下，不知三准之同策者不能为天下。

故申之以号令，抗之以徐疾也，民乎其归我若流水。此轻重之数也。”

**译文：**

管仲说：“现今主持国家拥有土地治理人民的君主，要注重四时农事，保证粮食储备。国家财力充足，远方的人们就能自动迁来；荒地开发得好，本国的人民才能安心留住。粮食富裕，人们就知道礼节；衣食丰足，人们就懂得荣辱。现在君上亲身示范犁田垦地，开发草地，是可以得到粮食的。人民的口粮，每人也有一定数量的土地保证。然而大街小巷为什么还有挨饿受冻的人呢？这是因为粮食被人囤积起来了。现在君上铸造钱币，人民用来交易，每人也合有几百几十的数目。然而为什么还有卖儿卖女的呢？这是因为钱财被人积聚起来了。所以，作为人君，不能分散囤积的粮食，调节物价的高低，分散兼并的财利，即使他加强农业，督促生产，无休止地开发荒地和铸造钱币，人民也还是要贫穷的。”

桓公问管仲：“现在我想调节物价高低，分散兼并的财利，散开囤积的粮食，否则社会上将会无休止地兼并，不停息地囤积，贫贱、鳏寡及老而无子的人们就将生活无着了。那么，这种‘散’和‘分’都有什么办法呢？”管仲回答：“只有精通轻重之术的专家能解决这个分散的问题，请下令召见精通轻重之术的专家好了。”桓公说：“好。”于是束车五乘，从周下原接来癸乙。桓公与癸乙、管仲、宁戚四人坐定。桓公说：“请问关于轻重之术?”癸乙说：“向人民征税过重，就失掉人民支持；对各国诸侯多次失信，就没有盟国追随。”管仲问道：“我不向人民征税，用什么供养军队？不向人民征税，靠什么抵御邻国入侵?”癸乙说：“只有弄空豪门贵族的积财才行。弄空他们的积财则货物有无相通，有无相通则货物流入市场，流入市场则物价下跌，物价下跌则万物可以利用了。懂得万物可以利用而不用，财货就流失到其他国家，流失到其他国家，是本国的大害。”桓公说：“请问弄空豪门贵族的积财而使财货可以利用的做法。”癸乙回答：“国内财货有余但战车不足，就责成卿和附庸诸侯提供出来。个人家资富足但不出外事费用，就责成令和大夫提供。这样财货就可以有无相通，有无相通则财货可以流入市场，流入市场则物价下降，物价下降则财货可以利用。所以，懂得三种调节措施依据同一政策的人，才能够平天下，不懂就不能平天下。所以要把这种措施用号令明确起来，配合以缓急合宜的步骤，天下百姓就会像流水般地归附于我们。这就是轻重之术。”

**古今案例分析：**

抑兼并，防止资本过度集中，节制资本，是从管仲到王安石再到孙中山，中国政治家长期坚持的政策目标。这与西方资本主义任凭资本的过度集中完全不同，它有效地保证了社会各阶层力量的动态平衡，防止一个阶层垄断国家政权。用癸乙之谋中用管仲的话说就是“调高下，分并财，散积聚”。否则，就会造成市场不能正常流通，社会产生巨大的收入鸿沟，所谓“并兼而无止，蓄余藏羡而不息，贫贱鳏寡独老不与得焉”。

市场作为一个复杂巨系统，会产生正反馈，使贫者愈贫，富者愈富，这是由市场的“物理性质”决定的。十九世纪工业资本主义上升时期，马克思敏感地发现了这个问题，他解决问题的方案是消灭私有制，消灭资产阶级（兼并之徒），中国古典政治经济学不是这样，主张节制资本，而不是消灭私人资本。

笔者认为东西方产生这种不同的基本原因在于思维方式的不同。西方人习惯于二元对立思维，不是“A”就是“非 A”，二者截然对立。中国人的思维方式不是这样，他们认为“A”与“非 A”是相生相克，互相转化的，二者（阴阳）的平衡才是宇宙的最普遍形态。所以，节制资本，使包括有产者在内的社会各阶层平衡令许多外国朋友和国内深受西方思维影响的人大惑不解。2008 年加州大学的两位美国朋友来北京观看奥运比赛，一位学习中国太极拳，另一位的专业是哲学。我对他们讲中国哲学的阴阳平衡之道，以及这种思维在中国古典政治经济上的应用，学太极拳的朋友很快就理解了，但学西方哲学的朋友立刻反驳：“阶层（劳资）平衡，这可能吗?”

从医学到政治经济学，阴阳动态平衡是中国古典学术的核心理念，中国人实践了几千年!

贫富和谐是中国古典政治经济学的基本价值之一，主张以法治国，定纷止争，实现社会各阶层的动态平衡。《尹文子·大道上》是解释说：“圣人用道来克服各种艰难险阻，确定法律来处理各种差异。使贤人和愚人不互相抛弃，使能人与庸人不互相舍弃。能人与庸人不互相舍弃，那么能人与庸人就会同样取得成功；贤人与愚人不互相抛弃，那么贤人与愚人就会共同考虑国家大事，这是最佳的治国之术……如果法制能在世间施行，那么贫穷与卑贱的人就不敢怨恨富裕与尊贵的人，富裕与尊贵的人也不敢欺凌贫穷与卑贱的人；愚笨与软弱的人就不敢企盼超过聪明与勇敢的人，聪明与勇敢的人也不敢鄙视愚笨与软弱的人。”（原文：是以圣人任道以夷其险，立法以理其差。使贤愚不相弃，能鄙不相遗。能鄙不相遗，则能鄙齐功；贤愚不相弃，则贤愚等虑。此至治之术也……法行于世，则贫贱者不敢怨富贵，富贵者不敢陵贫贱，愚弱者不敢冀智勇，智勇者不敢鄙愚弱。）

十一世纪，“挟管商之术”的王安石变法时，基本主张也是抑兼并。1070 年冬天，变法派的赵子几上书建议实行保甲法时，其中的核心精神也是让主、客户和谐共存。① 他说：“今欲因旧保甲重行隐括，将逐县见户口都数，除疾病、老幼、单丁、女户别为附保系籍外，其余主、客户两丁以上，自近及远，结为大小诸保，各立首领，使相部辖。如此，则富者逸居而不虞寇劫，恃贫者相保以为存；贫者土著而有所周给，恃富者相保以为生。使贫富交相亲以乐业者，谓无如使之相保之法也。”（《续资治通鉴长编》，卷二百十八）

---

① 宋朝把农民分为“主户”和“客户”两种。主户是拥有一定数量生产资料的农民，要向政府交纳赋税。客户则几乎一无所有，为佃农或贫农，很大一部分人靠“百工、技业、师巫、渔猎、短趁、杂作”来维持家计。

## 十二、怀夷之谋：以经济促和平

**经济学阐微：**

西方经济学从来没有真正解决色诺芬（约公元前430～公元前355年）在《雅典的收入》开篇提出的问题：（城邦）国家的公民能不能借助于他们的本国资源，而不靠侵夺别人生活？在色诺芬看来，那显然有欠公正。①（然而两千多年后，**西方经济学的这种道义基础也不见了，掠夺成了一切西方经济学的潜台词，华丽的词藻和完美的方程式掩饰不住残酷的现实。今天，从非洲到拉丁美洲我们都能看到这种现实——那里整个富饶大洲的经济活力都被西方世界吸干了。**

**在中国古典经济思想中，不同族群经济交往是人类社会发展最持久和最强健的动力，用经济手段增强族群和睦相处是经济生活的应有之义。**在这种逻辑的指导下，东亚世界能够在西方势力入侵以前维系持久的和平（相对于中世纪的欧洲这特别明显）；今天一些西方人士将中国对西藏、新疆的开发说成汉人对这些地区的渗透，可谓愚蠢！老死不相往来何以和睦相处？马非百先生说："此言四方之国皆各有其所宝贵之特产，如欲使其朝服，即当利用此等特产作为与各该国互相交换之媒介。否则，远近无以

---

① 色诺芬：《经济论 雅典的收入》，张伯健、陆大年译，商务印书馆，1981年版，第66页。

相因，而国交亦不可得而睦矣。”① 可谓一语中的。

**原文：**

桓公曰：“四夷不服，恐其逆政游于天下而伤寡人，寡人之为此有道乎?”管子对曰：“吴越不朝，请珠象而以为币乎？发、朝鲜不朝，请文皮、毤服而为币乎？禺氏不朝，请以白璧为币乎？昆仑之虚不朝，请以璆琳、琅玕为币乎？故夫握而不见于手，含而不见于口，而辟千金者，珠也；然后，八千里之吴越可得而朝也。一豹之皮，而辟千金也；然后，八千里之发、朝鲜可得而朝也。怀而不见于抱，挟而不见于掖，而辟千金者，白璧也；然后，八千里之禺氏可得而朝也。簪珥而辟千金者，璆琳、琅玕也；然后，八千里之昆仑之虚可得而朝也。故物无主，事无接，远近无以相因，则四夷不得而朝矣。”

**译文：**

桓公说：“四夷不肯臣服，他们的叛逆政策怕会影响天下而使我受害，我们有办法解决么?”管仲回答：“吴国和越国不来朝拜，就用他们所产的珍珠和象牙作为货币。发和朝鲜不来朝拜，就用他们的高贵皮张和皮服作为货币。北方的禺氏不来朝拜，就用他们所产的玉璧作为货币。西方的昆仑虚不来朝拜，就用他们所产的良玉美石作为货币。所以，那种拿在手里或含在口里看不

① 马非百：《管子轻重篇新诠》，中华书局，1979 年版，第 562 页。

见而价值千金的东西，是珍珠，用它作货币，八千里外的吴越就可以来臣服朝拜了。一张豹皮，是价值千金的，用它作为货币，八千里外的发和朝鲜就可以来朝拜了。揣在怀里或挟在腋下都不显眼而价值千金的，是白玉，用它作货币，八千里外的禺氏就来臣服朝拜了。发簪、耳饰之类而能价值千金的东西，是良玉璆琳和美石琅玕，用它们作为货币，八千里外的昆仑虚就来朝拜了。所以，对这些宝物若无人主持管理，对各地的经济事业若不去联系，远近各国不能互利，四夷也就不会前来朝拜了。”

**古今案例分析：**

千万不能因为齐国使用他国产品作货币就以为齐国放弃了铸币权。要知道在管子时代，有上、中、下三种货币，而文中提到的各种玉只不过是“上币”，还有黄金作为中币，青铜刀布作为下币。这里“上币”的应用具有其明显的政治目的，即“平天下”。

《管子·国蓄第七十三》对当时的货币体制论述说：“玉出产在禺氏地区，金出产在汝河汉水一带，珍珠出产在赤野，东西南北距离周都七千八百里。山水隔绝，舟车不能相通。先王因为这些东西距离遥远，得来不易，所以就借助于它们的贵重，以珠玉为上币，黄金为中币，刀布为下币。这三种货币，握之不能取暖，食之不能充饥，先王是运用它来控制财物，掌握民用，而治理天下的。”（原文：玉起于禺氏，金起于汝汉，珠起于赤野，东西南北距周七千八百里。水绝壤断，舟车不能通。先王为其途之远，其至之难，故托用于其重，以珠玉为上币，以黄金为中币，以刀布为下币。三币握之则非有补于暖也，食之则非有补于饱也，先王以守财物，以御民事，而平天下也。）

这里《管子》的作者说得很清楚，货币“握之则非有补于暖也，食之则非有补于饱”，他的功能只用于调节经济。进而言之，世界上真正的财富是商品而不是货币。

**事实上，在列国分立的条件下，中国古典经济思想讲的开放是有原则的，就是应用轻重理论，以经济手段“天下之下我高，天下之轻我重。以末易其本，以虚易其实”，使“外国之物内流，而利不外泄”。**①

在怀夷之谋中，“九合诸侯，一匡天下”的齐桓公在经济上交通各国，使我们看到了中国在大一统条件下的外贸理论，以及中国作为东亚大陆的世界领袖“衣养天下”的责任感。反观当代西方国际贸易理论，表面上是冠冕堂皇的“国际分工”，实质上行的却是残酷的“殖民掠夺”。中国清代以前的国际贸易不是这样，从来就没有过欧洲那种勒索和剥削式的进贡，对中国的朝贡贸易收益最大的总是外围小国，那些小国得到的回报有时是贡物的数倍。朝贡贸易实际上是一种国际上的“损有余补不足”，这是西方世界和全盘西化的中国知识分子直到今天也不能理解的。

柏杨先生在他的《中国人史纲》中写道：“中国始终是一个农业社会，一切自给自足，基本上不需要外国的产品。尤其是一

---

① 《盐铁论·力耕第二》，西汉重臣桑弘羊语。

些邻国的文化程度相当落后，面积又小、人口又少，中国不仅是万王之王的天朝上国，而且也是物产丰富的世界中心。所以中国没有西洋那种因小国林立而产生的狭隘的国家观念，更没有西洋那种因同样因素而产生的贸易观念。只有对藩属国和进贡国，中国必须负起宗主国的责任，才准许他们前来中国贸易。”①

① 柏杨：《中国人史纲》，同心出版社，2005年版，第460页。

# 第七章 《管子·轻重乙第八十一》六计

## 一、素赏之谋：重赏之下多死士

**经济学阐微：**

素赏之谋告诉我们，国家安全永远是国家的最高、最大的利益，国家必须尊重浴血奋战的将士，无论是在战争前的物质激励，还是战争后的奖赏，其目的都是通过表彰战士，激发全国军民的斗志，使军民一条心。《管子·八观第十三》指出，如果有功的战士得不到丰厚的赏赐，国家就会失去战斗力。上面说“良田不在战士，三年而兵弱”“积劳之人不怀其禄，则兵士不用”。

**原文：**

管子入复桓公曰：“终岁之租金四万二千金，请以一朝素赏军士。”桓公曰：“诺。”以令至鼓期（通“旗”——笔者注）于泰州之野期军士。桓公乃即坛而立，宁戚、鲍叔、隰朋、易牙，宾须无皆差肩而立。管子执枹而揖军士曰：“谁能陷陈破众者，赐之百金。”三问不对。有一人秉剑而前，问曰：“几何人之众也?”管子曰：“千人之众。”“千人之众，臣能陷之。”赐之百金。管子又曰：“兵接弩张，谁能得卒长者，赐之百金。”问曰：“几何人卒之长也?”管子曰：“千人之长。”“千人之长，臣能得之。”赐之百金。管子又曰：“谁能听旌旗之所指，而得执将首者，赐之千金。”言能得者垒千人，赐之人千金。其余言能外斩首者，赐之人十金。一朝素赏，四万二千金廓然虚。桓公惕然太息曰：“吾曷以识此?”管子对曰：“君勿患。且使外为名于其乡，内为功于其亲，家为德于其妻子。若此，则士必争名报德，无北之意矣。吾举兵而攻，破其军，并其地，则非特四万二千金之利也。”五子曰：“善。”桓公曰：“诺。”乃诫大将曰：“百人之长，必为之朝礼；千人之长，必拜而送之，降两级。其有亲戚者，必遗之酒四石，肉四鼎；其无亲戚者，必遗其妻子酒三石，肉三鼎。”行教半岁，父教其子，兄教其弟，妻谏其夫，曰：“见其若此其厚，而不死列陈，可以反于乡乎?”桓公终举兵攻莱，战于莒必市里。鼓旗未相望，众少未相知，而莱人大遁。故遂破其军，兼其地，而虏其将。故未列地而封，未出金而赏，破莱军，并其地，擒其君。此素赏之计也。

**译文：**

管仲向桓公报告说：“全年的地租金额将得四万二千斤黄金，请在一天内全部预赏给战士。”桓公说：“可以。”便下令准备鼓旗于泰州之野召集军队战士。桓公站在台上，宁戚、鲍叔、隰朋、易牙、宾须无都依次挨肩而立。管仲拿着鼓槌向战士拱手致礼说：“谁能陷阵攻破敌众，赏黄金百斤。”三次发问无人回答。有一战士执剑向前询问说：“多少敌众呢？管仲说：“千人之众。”

“千人之众，我可以攻破。”于是赏给他一百斤黄金。然后管仲又发问说：“在兵接弩张的交战当中，谁能擒获敌军的卒长，赏黄金百斤。”下面又询问：“是多少人的卒长呢?”管仲说：“一千人的卒长。”“千人的卒长，我可以擒到。”于是赏给他一百斤黄金。管仲又发问说：“谁能按旌旗所指的方向，而得到敌军大将的首级，赏黄金千斤。”回答可以得到的共有十人，每人都赏给一千斤黄金。其余凡自说能够在外杀敌的，都赏给每人黄金十斤。一早上的“预赏”，四万二千斤黄金都光了。

桓公忧惧地叹息说：“我怎能理解这项措施呢?”管仲回答：“君上不必忧虑。让战士在外荣显于乡里，在内报功于双亲，在家有德于妻子，这样，他们必然要争取名声，图报君德，没有败退之心了。我们举兵作战，能够攻破敌军，占领敌人土地，那就不只限于四万二千金的利益了。”五人都说：“好。”桓公也说：“可以。”于是又告诫军中大将们说：“凡统领百人的军官拜见你们时，一定要按访问的礼节相待；统领千人的军官拜见你们时，一定要下阶两级拜而送之。他们有父母的，一定要赏给酒四石、肉四鼎。没有父母的，一定要赏给妻子酒三石，肉三鼎。”这个办法实行才半年，百姓中父亲告诉儿子，兄长告诉弟弟，妻子劝告丈夫，说：“国家待我们如此优厚，若不死战于前线，还可以回到乡里来吗?”桓公终于举兵攻伐莱国，作战于莒地的必市里。结果是旗鼓还没有互相看到，军队多少还没有互相了解，莱国军队就大败而逃。于是便破其军队，占其土地而虏其将领。因此，还没有等到拿出土地封官，也没有等到拿出黄金行赏，便攻破了莱国，吞并了莱国的土地，擒获了他们的国君。这便是预先行赏的计策。

**古今案例分析：**

法国启蒙思想家伏尔泰（1694～1778年）早就发现，中国传统政治注重依法赏赐有功者，这在其他文明中是罕见的，他在《风俗论》中写道："在别的国家，法律用以治罪，而在中国，其作用更大，用以褒奖善行。"①

在中国古典政治中，赏和罚是最基本的制度工具，被称为"二柄"。赏罚一定要依照法律严格执行，不能依据个人的喜怒哀乐进行赏罚。伟大的中国古典政治理论家韩非子曾经详细论述了依法赏罚的意义，指出赏罚不仅要法制化，还要使之具有权威性和严肃性。韩非子认为，保持赏罚权威性的方法主要是最高领袖不能将"二柄"这一国之利器转交他人。

与齐桓公一天之内将全年地租全部预赏给战士相反，明朝末年的崇祯皇帝和他的大臣们在大敌当前时，还同守财奴一样公饱私囊，结果落得一个身死国灭的可悲下场。

1644年年初，李自成的大顺军进逼北京，明政府军饷严重不足，当内阁向皇上询问库藏究竟还有多少银子，崇祯似乎不想告诉别人自己的家底，只是含糊地说："今日内帑难以告先生。"崇祯自有"妙计"，他派太监向大臣、勋戚逐家强行"捐银"。

那些大臣们立刻哭起穷来，纷纷推托说"家银无多"。惹得

---

① 伏尔泰：《风俗论》，梁守锵译，商务印书馆，2006年版，第250页。

崇祯大怒，老皇亲张国纪这才捐两万两，皇后父亲周奎捐一万两，太监中的“首富”王之心也认捐一万两，其余“未有及万者”。大学士陈演推托“从未向吏兵部讨一缺”，干脆一毛不拔。据说崇祯认为周奎捐一万两太少，要老丈人再捐，“聪明”的周奎却暗地里进宫去向女儿求援，于是周皇后背着崇祯给了他 5000 两，这些出自崇祯内帑的 5000 两银子，周奎也只捐了 3000 两，余下 2000 两装进了自己的腰包。

如果不是李自成的大顺军撤离北京前大肆抢掠，这些守财奴的浅见和短视似乎永远无法为世人知晓。史载：“铁公鸡”陈演被拘，派人送四万两至刘宗敏府，结果为家仆告发，“先后搜掘黄金 360 两，白银 48000 两，珠宝盈斗”。太监王之心家，搜得白银 15 万两，珍玩珠宝大抵价值也在 15 万两左右。在皇后父亲周奎家，搜得白银 53 万两，“缎匹以车载者相属于道”。

那么崇祯内库中有多少钱呢？据目击者杨士聪《甲申核真略》叙述，从 1644 年 4 月 10 日起，即有马骡等车辆不断装运各库银锭往李自成定都之地西安。是月 16 日更是以千骑计。据他观察，所载的内库“镇库银”，刻有“永乐”字号，每锭 500 两，每骑二锭（千骑则为一百万两），其他寻常元宝则打成包裹搭装在一起，估计白银总数是 3700 万两，黄金为若干万两。任职户部的赵士锦在《甲申纪事》中也说：载往陕西的银锭上有万历年号，因万历八年以后所解内库银尚未有动，计白银三千余万两，黄金 150 万两。

今天，我们必须更深刻地认识《素赏之谋》的意义！

## 二、曲防之谋：巧计筹军费

**经济学阐微：**

与西方当代主流经济学不同，在中国古典经济理论中，行政命令是经济政策的最重要组成部分——政治与经济是不可分割的有机体——《管子》的作者甚至认为“号令重于宝物”。

此计是用行政命令直接剥夺富人，表面看来与《管子》主张的“见予之形，不见夺之理”的经济原则不符合。然而在战争、灾害或其他紧急情况下，政府征用、征敛是最快捷的手段，即使面临政治反弹的危险也要做。这里不单是无偿征敛，还包含调节价格的轻重之术。

**原文：**

桓公曰：“曲防之战，民多假贷而给上事者。寡人欲为之出赂，为之奈何？”管子对曰：“请以令：令富商蓄贾百符而一马，无有者取于公家。若此，则马必坐长而百倍其本矣。是公家之马不离其牧皂，而曲防之战赂足矣。”

**译文：**

桓公说：“曲防战役时，百姓有很多借债来供给国家军费的，我想替他们出钱偿还，该怎么办呢？”管仲回答：“请您下令：令富商蓄贾凡握有百张债券的献马一匹，无马者可以向国家购买。

这样，马价一定自然上涨到百倍之多。这就是说，国家的马匹还没有离开马槽，曲防战役的费用就足够偿还了。”

**古今案例分析：**

曲防之谋给我们的一个重要启示是：即使在战争中，也不能忘记百姓均平这一中国古典经济理论的基本原则。如果为筹集资金一味地增加税收，显然会增加普通百姓的负担。2001 年 6 月，由于马其顿阿尔巴尼亚族非法武装与政府军的武装冲突升级，政府军被迫从国外采购大批军火，而国库空虚，怎么办？马其顿政府决定开征一项“战争特别税”，即从 2001 年 7 月 1 日起对国内所有私营工商业征收 0.5% ~1% 的战争特别税。

马其顿政府筹集战争经费的方法显然不如齐桓公高明，因为均等征税达不到百姓均平的效果，不过齐桓公的做法容易遭到既得利益集团的反对。北宋王安石在推行免役法时就遇到了这类问题，当时王安石针对的主要是劳役，而非兵役。

北宋的纳税户除了交纳赋税，还都要依其户等低轮流到各级政府去服差役（也叫职役），北宋政府按户等高低分别给以轻重之役。最终使所有差役几乎全落到了地主阶层的中下层和富裕自耕民身上，因为官绅豪强大地主、商贾，考中进士的人家及僧、道都有免役的特权。

这种职役极其繁复，百姓苦不堪言。比如谁去充当里正，如果遇到乡里有不能按期交纳赋税的，或根本无力交纳赋税的，或税户逃亡的，都要自己先为交纳。遇到恶霸地主无法催交时，只能自己代交。因此，这些当里正的常常是“倾家而不能给”。为了逃避差役，有人干脆将田产隐寄于官绅人家冒充他们的佃客，还有的人尽力少养牛马，少耕几亩地，少种桑麻，以便减少自己的户等。有的则远离家乡，任凭自己田地荒芜——真是苛政猛于虎！

当时人们普遍看到了问题的严重性，王安石认为改革差役法极为重要，其核心思想还是“抑兼并”。熙宁四年（1071 年），他对神宗说：“今所以未举事者，凡以财不足故。故臣以理财为方今先急。未暇理财而先举事，则事难济。臣固尝论天下事如弈棋，以下子先后当否为胜负。又论理财以农事为急，农以去其疾苦、抑兼并、便趣农为急。此臣所以汲汲于差役之法也。”（《续资治通鉴长编》，卷二二〇）进一步说，就是“使之家至户到，均平如一，举天下之役，人人用募，释天下之农，归于畎亩。”（《临川先生文集·上五事札子》）

熙宁四年（1071 年）正月，司农寺拟定免役法，先在开封府界试行，同年十月，颁布全国实施。

免役法规定，废除原来按户等轮流充当衙前等州，县官府差役的办法，改由州、县官府出钱雇人应役。各州、县预计每年雇役所需经费，由民户按户等高下分摊。上三等户分八等交纳役钱，随夏秋两税交纳，称免役钱。原不负担差役的官户、女户、寺观，要按同等户的半数交纳钱，称助役钱。州、县官府依当地吏役事务简繁，自定数额，供当地费用，定额之外另加 20% 缴纳，称免役宽剩钱。由各地存留，以备荒年不征收役钱时雇役之用。此法的用意是要使原来轮充职役的农民回乡务农，原来享有免役特权的人户不得不交纳役钱，官府也会增加财政收入。

**新法立刻遭到了司马光、文彦博等人的反对，理由很简单，就是免役法损害了豪族兼并之家的利益。**宋末元初马端临一针见血地指出："盖介甫之行新法，其意勇于任怨而不为毁誉所动。然役法之行，坊郭品官之家尽令输钱，坊场酒税之人尽归助役。故士夫豪右不能无怨，而实则农民之利。"（《文献通考·职役考》）

"元佑更化"时（公元1086～1093年）免役法等新法停止施行。大宋像王安石那样敢于挑战既得利益集团的政治家太少了——这次重要的改革最终"无可奈何花落去"……

## 三、置屯之谋：针对富人的统购政策

**经济学阐微：**

本文提到的粮食统购政策（这里只针对富人），在中国历史上很少实行。不过军队屯田政策却影响深远。

新中国成立后粮食的统购统销政策是在二十世纪五十年代初粮食十分短缺的情况下实施的。据统计，1952年7月至1953年6月粮食年度内，粮食缺口达40亿斤。1953年赶上小麦受灾，减产70亿斤，农民惜售，私商又在市场上大量收购粮食，抬高粮价，一般高出牌价20%～30%，这严重影响了刚刚展开的大规模经济建设，同时加强了中共高层实行粮食统购统销的决心。统购统销政策后来延伸到植物油、棉花等产品，该制度一直持续到

1985 年。**历史告诉我们，粮食统购统销政策对于工业化所需资本的积累是重要的，中国的现代化因此没有经历西方血腥的殖民化和野蛮的奴隶制阶段。**

**原文：**

桓公问于管子曰：“崇弟、蒋弟，丁、惠之功世，吾岁罔，寡人不得籍斗升焉，去。菹菜、咸卤、斥泽、山间堤壗不为用之壤，寡人不得籍斗升焉，去一。列稼缘封十五里之原，强耕而自以为落，其民寡人不得籍斗升焉。则是寡人之国，五分而不能操其二，是有万乘之号而无千乘之用也。以是与天子提衡，争秩于诸侯，为之有道乎?”管子对曰：“唯籍于号令为可耳。”桓公曰，“行事奈何?”管于对曰：“请以令发师置屯籍农，十钟之家不行，百钟之家不行，千钟之家不行。行者不能百之一，千之十，而困窌之数皆见于上矣。君案困窌之数，令之曰：‘国贫而用不足，请以平价取之子，皆案困窌而不能挹损焉。’君直币之轻重以决其数，使无券契之责，则积藏困窌之粟皆归于君矣。故九州无敌，竟上无患。”令曰：“罢兵归农，无所用之。”管子曰：“天下有兵，则积藏之粟足以备其粮；天下无兵，则以赐贫甿，若此则菹菜、咸卤、斥泽、山间堤壗之壤无不发草。此之谓籍于号令。”

**译文：**

桓公问管仲说：“祟、蒋、丁、惠等四家功臣的后裔，我全年从他们那里不能征收一斗一升的租税，这项收入要除掉。荒草地、盐碱地、盐碱水泽及高低不平的山地，我也不能征收到一斗一升，这项收入又要除掉。庄稼布满在边境十五里的平原上，但这是一些人强行耕种而自建的村落，对他们我也不能征收到一斗一升。就是说，我的国家五分收入还不能掌握二分，简直是有万乘之国的名，而没有千乘之国的实。以这样的条件同天子并驾齐驱，同诸侯争夺地位，有什么办法吗?"

管仲回答："只有在号令上想办法才行。"桓公说："怎么办?"管仲回答："请下令派遣军队去边疆屯田务农，但规定家存十钟粮食的可以不去，家存百钟粮食的可以不去，家存千钟的更可以不去。这样，去的人不会有百分之一，而各家的存粮数字则全部被国家知道了。君上再根据各家的数字发令说：'朝廷困难财用不足，要按照平价向你们征购粮食。你们要按照粮仓的数字全部售出。'然后，君上按照所值货币的多少来算清钱数付款，使国家不再拖欠购粮单据上的债务。这就使各家粮仓积藏的存粮全部归于国君了。这样，就可以做到九州无敌，国境安全无患。"桓公说："罢兵归农，这些粮食岂不没有用处了吗?"管仲说："一旦天下发生战争，则储备的粮食可以作为军粮；天下无事，则用来帮助贫困农民生产，这样，荒草地、盐碱地、盐碱水泽，以及高低不平的山地就没有不开辟耕种的了。这些做法叫作在号令上谋取国家收入。"

**古今案例分析：**

中国古典经济理论与西方经济理论一个显著不同之处就是，前者强调国家重要商品的储备，然后通过商品的"敛散"控制市场，取得财政收入。《管子》的作者认为，粮食是最基本的商品，可以作为价值尺度，充当实物货币，也能根据实际需要“以谷准币”或“以币准谷”，就是按时价将货币折成谷，或将谷折成货币。笔者注意到，在我的河北老家，现在当地政府仍然用“以币准谷”的方法同农民签订土地转让使用合同。合同规定，按市场时价，每年每亩地补偿农民相当于多少斤玉米的钱数。

置屯之谋实际上是以边疆屯田的借口，获得农民的实际存粮数，再平价收购这些粮食。《管子·巨乘马第六十八》有一则“虞国策乘马之数”，与置屯之谋相似，更高明的是政府通过金融手段实现粮食的统购。春季放贷给农民，秋天再按时价将贷款钱数折合成粮食要农民偿还，然后再以粮食为实物货币，购买国家需要的其他商品。在商品的“敛散”过程中，取得惊人的财政收入，同时抑制商人利润，防止有产阶级过度膨胀。

当代，国家控制粮食变得越来越重要，基本原因是世界粮食市场是由资本控制的，这四家大粮食跨国企业简称“ABCD”，他们是 ADM（Archer Daniels Midland）、邦吉（Bunge）、嘉吉（Cargill）和路易达孚（Louis Dreyfus）。四大粮商控制目前世界粮食交易量的 80%，决定着世界食品的价格。它们除了利润之外没有太多的社会道德责任，这里仅以 ADM 公司为例：

二十世纪初，美国明尼苏达州的明尼阿波里市（Minneapolis）的阿切尔（George Archer）和丹尼尔（John Daniels）两人从事亚麻子油的压榨工业，后来又并购了米德兰亚麻子产物公司（Midland Linseed Products Company），因此就产生了今天声名显赫的

ADM。之后，产业扩大到面粉工业、食品加工业、饲料业、特殊食品业、可可业及营养品工业等。后又把基因工程用于农产品的生产，但直到前些年迫于公众压力，才公开它的基因产品业。

今天的ADM是个巨大的盘根错节的跨国公司，旗下共有约两百七十家制造工厂，分布世界各地。除此之外，它还进入了农粮储备、运输交通等行业；ADM也是世界第一大的活化燃油乙醇生产者，将大量谷物投入了乙醇生产，加剧了2007年以来世界粮价的暴涨。

据联合国粮农组织的最新统计，从2007年夏天到2008年4月上旬，全球粮食价格涨了40%，联合国粮农组织成立40年来第一次发布了粮食短缺的警报。非洲的毛里塔里亚、中美洲的海地和墨西哥、亚洲的印度尼西亚和菲律宾等国，都因粮食涨价而发生了暴乱。

**民以食为天，“天”不能为资本所控制，粮食市场只能由代表公共利益的国家控制——这是置屯之谋给我们的最大启迪。**

## 四、城藏之谋：协调农商关系

**经济学阐微：**

在财富的分配方面，《管子》的作者特别强调社会贫富失衡的危险性，**《管子·五辅第十》将“贫、富有度”作为礼的“八经”之一，并说：“贫富失，而国不乱者，未之尝闻也。”**

考古研究发现，古代人们确实在大粮仓周围筑有城墙。城藏者，藏粟于城中仓也。用行政命令让民间储备，进而提高粮食价格，除了有益于增加农民收入，减少商人的利润，实现社会平衡发展外，还有一个本书中没有提到的效果，就是有利于国外粮食的进口。本计前一段有“滕鲁之粟釜百，则使吾国之粟釜千；滕鲁之粟四流而归我、若下深谷者。非岁凶而民饥也，辟之以号令，引之以徐疾，施乎其归我若流水”，与本节有一定的逻辑联系。

**原文：**

桓公曰：“吾欲杀正商贾之利而益农夫之事，为此有道乎？”管子对曰：“粟重而万物轻，粟轻而万物重，两者不衡立。故杀正商贾之利而益农夫之事，则请重粟之价釜三百。若是则田野大辟，而农夫劝其事矣。”桓公曰：“重之有道乎？”管子对曰：“请以令与大夫城藏，使卿、诸侯藏千钟，令大夫藏五百钟，列大夫藏百钟，富商蓄贾藏五十钟，内可以为国委，外可以益农夫之事。”桓公曰：“善。”下令卿诸侯令大夫城藏。农夫辟其五谷，三倍其贾。则正商失其事，而农夫有百倍之利矣。

**译文：**

桓公说：“我想削减商人盈利并帮助农民生产，有办法吗？”管仲回答：“粮价高，其他物资的价格就低；粮价低，其他物资的价格就高。两者升降的趋势相反。所以要削减商人盈利并帮助农民生产，就请把每釜粮食的价格提高三百钱。如此则荒地广为开垦，农夫也努力耕种了。”桓公说：“提高粮价用什么方法？”管仲回答："请命令大夫们都来存粮，规定卿和附庸诸侯贮藏一千钟，令大夫贮藏五百钟，列大夫贮藏百钟，富商蓄贾贮藏五十钟。内可以作为国家的贮备，外就可以帮助农民的生产。"桓公说："好。"便下令卿诸侯、令大夫等贮藏粮食。农民们大种其五谷，粮价提高三倍，专事经商的商人几乎亏本，而农民得有百倍的收益。

**古今案例分析：**

城藏之谋是典型的应用轻重之术，敛散商品，均平百姓的例子。**中国古典经济理论既不主张亚当·斯密"看不见的手"，也不主张计划经济"看得见的手"，类似于美国圣塔菲研究所花旗银行教席教授布赖恩·阿瑟（W. Brian Arthur）所说的"Nudge"，就是在适当的时机轻推市场，促使市场沿着某个方向发展。换言之，在中国古典经济理论中，国家既不在市场之上（如传统社会主义计划经济体制），也不在市场之外（如现代西方自由市场经济），而是在市场之中。**一个很有趣的例子是北宋王安石改革时政府卖瓜果一事。

市易法是王安石变法的主要内容之一，大致是汉武帝时"平准法"的北宋版本。根本目的是把大城市中商品的"开阖敛散之权"，商品的定价权从大商人手中夺回，这样做的好处有三：一是可以使物价保持基本稳定；二是可以保护小商人的利益；三是北宋政府可以分享部分原来归豪商的利权。正如北宋政府在熙宁五年（公元1072年）三月市易法公布实施时在诏书中所说的：

“天下商旅物货至京，多为兼并之家所困，往往折阅（“折阅”是减价出售，亏损财物之意——笔者注）失业。至于行铺稗贩，亦为较固取利（“较固取利”意即垄断市场，操纵物价以牟取暴利——笔者注）至多穷窘。宜出内藏库钱帛，选官于京师置市易务。”（《续资治通鉴长编》卷二三一）

市易法的主要内容包括：确定市易务组织规则，由政府指派提举官一人主管，下设监官二员，勾当公司官一员，并招募商贾充当市易务的行人和牙人，从事货物买卖；参加市易务的行人须以财物作抵，五人以上相互作保，方可向市易务赊购货物出售。贷款须在半年至一年内还清，半年付息10%，一年付息20%，过期不还，每月另加2%的罚款；对外来客商的货物，许其至市易务投卖，由务中行人、牙人会同客商公平议价，支官钱购买，客商也可与务中其他物品折合交换；三司（户部、盐钱、度支）诸库所需的物资，也可由市易务统一在京收买。”

**政府成立了国营公司，这使坚守小农主义自由市场经济原则的儒生愤怒不已。和当代中国一些经济学家反对政府干预市场的理由不同，当时的儒生主要是从孔孟道德的角度出发，反对“与民争利”；当代中国一些经济学家反对政府干预的理由是那样会使效率低下，反面的例子就是传统社会主义计划经济——计划经济不好，就要市场经济，这就是他们的非彼即此的“两末之议”。**

最让保守派儒生不能容忍的是北宋派官员在首都闹市大街上摆摊设点，买卖瓜果，是可忍，孰不可忍！枢密使文彦博看到这一现象后对刚刚施行的市易法大加指责。他说："臣近因赴相国寺行香，见市易务于御街东廊置叉子数十间，前后积累果实，逐日差官就彼监卖，分取牙利。且瓜果之微，锥刀是竞，竭泽专利，所得无几，徒损大国之体，只敛小民之怨。遗秉滞穗，寡妇何资？况密迩都亭，虏使所馆，岂无觇国之者，将为外夷所轻。"（《文潞公集》卷二十《言市易疏》）

在三个月后的另一份奏疏中，文彦博言辞更加激切，这次不是怕"国际友人"了，而是说不符合儒家经济原则。上面说：

"凡衣冠之家网利于市，缙绅清议众所不容；岂有堂堂大国，皇皇求利，而不为物论所非者乎？斯乃垄断之事，孟轲耻之，臣亦耻之。复不忍聚敛小臣，希进妄作，侵渔贫下，玷累朝廷，不胜愤闷！"（《文潞公集》卷二十《又言市易疏》）

**市易法本是富国之术，竟怕为外夷所轻。今天那些主张自由市场经济的中国经济学家也总是说，中国不实行自由市场经济就不符合国际惯例之类，历史有时是怎样的相似啊！**

事实证明，市易法是成功的，整体上达到了"货贿通流而国用饶"的效果。在熙宁十年施行市易法一岁所得息钱和市例钱已相当于当年夏秋两税所得现钱的十分之三左右了。

## 五、榷铁之谋：充分利用价值规律

**经济学阐微：**

经济政策不能游离价值规律，行政命令在价值规律面前常常显得无能为力。1988 年通货膨胀严重，我们一方面大量发行货币(1984～1988 年货币发行数量增加三倍)；另一方面又不得不用行政手段限制物价上涨，其结果就是抢购风潮的出现和严重的社会动乱。人为控制价格有时会产生一时效果，但常常会带来极大的负面作用。

中国农村的资本相对来说比较缺乏，农村金融是极其重要的。必须运用连带责任制度（本篇的“以什伍农夫赋耜铁”），以信用贷款为主要形式重建中国农村金融体系，这方面再也不能照抄西方银行体系了！

**原文：**

桓公问于管子曰：“衡有数乎？”管子对曰：“衡无数也。衡者使物一高一下，不得常固。”桓公曰：“然则衡数不可调耶？”管子对曰：“不可调。调则澄。澄则常，常则高下不贰，高下不贰则万物不可得而使固。”桓公曰：“然则何以守时？”管子对曰：“夫岁有四秋，而分有四时。故曰：农事且作，请以什伍农夫赋耜铁，此之谓春之秋。大夏且至，丝纩之所作，此之谓夏之秋。而大秋成，五谷之所会，此之谓秋之秋。大冬营室中，女事纺织缉缕之所作也，此之谓冬之秋。故岁有四秋，而分有四时。已有四者之序，发号出令，物之轻重相什而相伯。故物不得有常固。故曰衡无数。”

**译文：**

桓公问管仲：“平衡供求有定数吗？”管仲回答：“平衡供求没

有定数。平衡供求就是要使物价有高有低，不经常固定在一个数字上。”桓公说：“那么，平衡供求的数字就不能调整划一了么?”管仲回答：“不能调整划一，调整划一就静止了，静止则没有变化，没有变化则物价升降没有差别，没有差别各种商品都不能被我们掌握利用了。”桓公说：“那么，怎样掌握物价升降的时机?”管仲回答：“一年有四个取得收益时机，分在四季。农事刚开始时，让农民按什、伍（居民承担连带责任的基层组织）互相担保，向他们预售农具，这叫作春天的时机。大夏将到，是织丝绸做丝絮的时节，这叫作夏天的时机。到了大秋，是五谷全收时节，这叫作秋天的时机。大冬在室内劳动，是妇女纺织的时节，这叫作冬天的时机。所以，一年有四个取得收益时机，恰好分在四季，了解这四时的顺序，就可以运用国家号令，使物价有十倍、百倍的升降。物价不能经常固定于一点，所以，不同时期的平衡供求没有定数。”

**古今案例分析：**

中国古典政治经济理论描述的是一个动态平衡体系，从“衡无数”这一观点中能够清楚地看出来。

在耜铁之谋中，我们看到一种以连带责任为基础的农村信用贷款体系。据《周礼·地官司徒第二·泉府》，三千多年前周初的信用制度就以连带责任为基础。当百姓需要资金支持时，借贷者所在地的基层官员必须承担连带责任，基层官员和借贷者要一起去金融机构泉府办理相关手续。

目前，传统的城乡二元经济体制已经成为制约中国经济健康持续发展的重要问题，由于多种原因，城乡统筹长期落不到实处。本来，农村地区就缺乏资金，然而目前金融机构县域范围内存款的50.5%（1256亿元）倒流回城市，对本来就需要资金扶持的农村金融体系来说，无疑是雪上加霜，会导致城乡差距进一步扩大。①

可喜的是，近年来连带责任原则又有重新回到农村小额贷款和城镇中小企业融资之中的趋势——符合中国实际，具有中国特色的金融创新体制正在全国各地以多种形式蓬勃发展起来。

比如吉林省梨树县百信农民资金互助合作社从2004年7月成立以来，运作得很好。《梨树县百信农民资金互助合作社章程》规定："贷款采取3～5户联保方式，联保人承担借款偿还连带责任。互助金借款在社员内部进行，严禁非社员借贷。"在四大商业银行早已退出农村市场，中国农村金融体系亟待重建的今天，中国古典经济理论需要发挥它应有的作用！

## 六、曲衡之谋：吸引外商外资

**经济学阐微：**

清末何如璋云："曲衡者非常数之谓。"皮、干、筋、角、竹箭、羽毛、齿、革是古代制造兵器的必需原料，是重要的国防物资，为了获取它们国家应想尽所有手段，当然也包括通过善待外国

---

① 参阅中国农村劳动力资源开发研究会副会长陆子修先生的《城乡统筹发展　呼唤体制创新——安徽农村改革30年的回顾与启示》一文，载2008年6月17日《香港传真》。

商人的办法。胡寄窗先生在《中国经济思想史》中特别指出，中国古代纯粹从经济观点出发，公开鼓励国际贸易者，还只有《管子》。

古希腊的色诺芬在《雅典的收入》中也主张吸引商人来雅典做生意，不过他更强调法治和荣誉对于吸引外商的重要性，比如在公共典礼上将外国商人奉为上宾等。他说："寄居在我国和来我国访问的人越多，显然就会有越多的商品进口、出口和出售，并且也会使我们获得更多的利润和贡赋。为使这些收入的增加能够实现，我们只需采用宽厚的法令和谨慎的监督，不必另付任何其他代价。"①

**原文：**

桓公曰："皮干筋角竹箭羽毛齿革不足，为此有道乎？"管子曰："惟曲衡之数为可耳。"桓公曰："行事奈何？"管子对曰："请以令为诸侯之商贾立客舍，一乘者有食，三乘者有刍菽，五乘者有伍养。天下之商贾归齐若流水。"

**译文：**

桓公说："我国缺少皮、骨、筋、角、竹箭、羽毛、象牙和皮革等项商品，有办法解决吗？"管仲回答："只有多方收购的办法才行。"桓公说："具体做法如何？"管仲回答："请下令为各诸侯国的商人建立招待客栈，规定拥有四马所驾一辆车的商人，免

① 色诺芬：《经济论　雅典的收入》，张伯健、陆大年译，商务印书馆，1981年版，第69页。

费吃饭；有十二匹马三辆车的商人，还外加供应牲口草料；有二十四马所驾五辆大车的商人，还给他配备五个服务人员。这样天下各国的商人就会像流水一样聚到齐国来。”

**古今案例分析：**

开展国际经济交流，引进外资的目的是为我所用，而不是为了受制于人。

我国曾经长时期内对外资实行超国民待遇，甚至为引入外资而引入外资，难怪新华社资深记者丛亚平女士称中国是“外商投资的天堂”。外资企业除了能在中国得到世界上最便宜的土地和各种资源、最廉价和最勤勉的劳动力，支付最低的环保成本，得到最大的市场份额，享有发展中国家最优良的基础设施外，还能够获得免交税、少交税的巨大优惠……

对外资长期实行超国民待遇的结果是：中国不是在利用外资，而是为外资所利用——战略产业被他人吞并，科技创新能力降低，相当一部分市场被外资垄断，甚至股票和银行这些金融命脉都有被外国和外资控制的危险。

以对外企的税收优惠政策为例。一是按照原来的《外商投资企业和外国企业所得税法》，生产性的外商投资企业基本税率为24%，其他部分行业仅为15%或10%，而内资企业基本税率为33%；二是减免优惠。外商投资企业在生产性、能源和基础设施，以及高科技和先进技术领域的投资，享受“两免三减半”“五免五减半”、所得税优惠期限延长等优惠政策。外国投资者用外商投资企业的利润进行再投资可以享受所得税退税的优惠，外商投资企业进口自用设备免征关税；三是应纳税额计算方法对外企有利。坏账准备、利息支出、业务招待费、企业职工工资支出和福利支出，以及捐赠支出等费用税前扣除，对固定资产的折旧年限的税务处理规定及股息免税，都使得外商投资企业税负进一步降低。据统计其实际税负仅为11%左右。

长期对国际资本实行“超国民待遇”是很不正常的，中国政府顶着巨大的外部压力做了许多努力，节制国际大资本。

2008年1月1日，《中华人民共和国企业所得税法实施条例》正式施行，《企业所得税法》《企业所得税法实施条例》将取代原适用于外商投资企业和外国企业的《外商投资企业和外国企业所得税法》《外商投资企业和外国企业所得税法实施细则》，以及原适用于内资企业的《企业所得税暂行条例》《企业所得税暂行条例实施细则》。它意味着我国长达20多年的内、外资企业所得税差别征收办法将实现统一。据业内人士介绍，新企业所得税法首次把原来两套不同的征税办法“合二为一”：此前内资企业高达33%的法定普通税率和外资企业实际平均15%的税负标准，将统一按25%的企业所得税率征收。

取消外资企业的税收优惠显然有利于中国本土企业的健康发展，但这只是万里长征的第一步。因为相对于强大的外资，中国本土企业不仅需要公平的市场环境，还需要国家最大限度的保护，这是现代文明国家普遍实行的政策。

# 第八章 《管子·轻重丁第八十三》十三计

## 一、石璧之谋：垄断的力量

**经济学阐微：**

在人类经济史上，垄断的力量始终是强大的。今天，从T恤到计算机，全球市场背后仍是强大的垄断性利益集团在操纵——自由市场经济理论最完美的现实形态可能只是小商小贩充斥的小商品市场。

**计谋，智者因事情、人情所作，贵藏其机，使之密而不泄，成于无形。**故唐代尹知章注“彤弓”云：“彤弓，朱弓也，非齐之所出。盖不可独言石璧，兼以彤弓者，犹藏其机。”此计“藏机”之处尚多，比如以朝拜天子的名义敛财，以筑城阴里名义雕制石璧。而周天子只知彤弓、石璧之礼，不知齐以垄断石璧宰制天下之谋。

**原文：**

桓公曰：“寡人欲西朝天子而贺献不足，为此有数乎?”管子对曰：“请以令城阴里，使其墙三重而门九袭。因使玉人刻石而为璧，尺者万泉，八寸者八千，七寸者七千，珪中四千，瑗中五百。”璧之数已具，管子西见天子曰：“弊邑之君欲率诸侯而朝先王之庙，观于周室。请以令使天下诸侯朝先王之庙，观于周室者，不得不以彤弓石璧。不以彤弓石璧者，不得入朝。”天子许之曰：“诺。”号令于天下。天下诸侯载黄金、珠玉、五谷、文采、布帛输齐以收石璧。石璧流而之天下，天下财物流而之齐。故国八岁而无籍，阴里之谋也。右石璧谋。

**译文：**

桓公说：“我想西行朝拜天子而贺献费用不足，解决这个问题有办法吗?”管仲回答：“请下令在阴里筑城，要求有三层城墙，九道城门。利用此项工程使玉匠雕制石璧，一尺的定价为一万钱，八寸的定为八千，七寸的定为七千，石珪值四千，石瑗值五百。”石璧如数完成后，管仲就西行朝见天子说：“敝国之君想率领诸侯来朝拜先王宗庙，观礼于周室，请发布命令，要求天下诸侯凡来朝拜先王宗庙并观礼于周室的，都必须带上彤弓和石璧。不带彤弓石璧者不准入朝。”周天子答应：“可以这样做。”便向天下各地发出了号令。天下诸侯都运载着黄金、珠玉、粮食、彩绢和布帛到齐国来购买石璧。齐国的石璧由此流通于天下，天下的财物归于齐国。所以，齐国八年没有征收赋税，就是这个阴里之谋的作用。以上是“石璧谋”。

## 二、菁茅之谋：以神道敛财

**经济学阐微：**

菁（音 jīng）茅，香草名，古代祭祀时用菁茅滤酒去渣。考古学证实反映禹时代重要史实的《尚书·禹贡》就记载楚地进贡菁茅，上面说："荆山与衡山的南面是荆州……三个诸侯国进贡他们的名产，包裹好了的杨梅、菁茅，装在筐子里的彩色丝绸和一串串的珍珠。"

菁茅这种香草在皇家祭祀中很重要，所以历代都要求楚地进贡。在礼乐崩溃的春秋时代，齐桓公甚至借口楚王不进献菁茅而伐楚。《史记·齐太公世家》记载此事说：公元前 656 年春，齐桓公率领诸侯讨伐蔡国后伐楚。楚成王兴兵来问："为什么进入我的国土？"管仲回答："过去召康公命令我国先君太公：'五等诸侯，各地守官，你有权征伐，以辅佐周室。'赐给我先君有权征伐的疆界，东至人海，西至黄河，南至穆陵，北至无棣。楚国应该进贡的包茅没有进献，天子祭祀用品不全，因此来督责。昭王南征不归死在南方，因此前来问罪。"楚王说："贡品没有进献，确实如此，是我之罪过，今后不敢不奉上。至于昭王一去不归，并未在我楚国领土，请您到汉水边上去问罪。"齐军进扎于陉地。夏，楚王命屈完领兵抗齐，齐军退驻召陵。桓公向屈完炫耀兵多将广。屈完说："您合于正义才能胜利；如果不然，楚国就以方城山为城墙，以长江、汉江为护城河，您怎么能推进呢？"

齐桓公最后只好与屈完盟而归——试想坐拥此种香草的楚国有如管仲者善用菁茅之谋，齐桓公恐怕就难以称霸诸侯了！

**原文：**

桓公曰："天子之养不足，号令赋于天下则不信诸侯，为此有道乎？"管子对曰："江淮之间有一茅而三脊贯至其本，名之曰菁茅。请使天子之吏环封而守之。夫天子则封于太山、禅于梁父。号令天下诸侯曰：'诸从天子封于太山、禅于梁父者，必抱菁茅一束以为禅藉。不如令者不得从。'"天子下诸侯，载其黄金，争秩而走，江淮之菁茅坐长而十倍，其贾一束而百金。故天子三日即位，天下之金四流而归周若流水。故周天子七年不求贺献者，菁茅之谋也。右菁茅谋。

**译文：**

桓公说："周天子财用不足，凡下令向各国征收，都不得诸侯响应，解决这个问题有办法么？"管仲回答："长江、淮河之间，出一种三条脊梗直贯到根部的茅草，名叫'菁茅'。请使周天子的官吏把菁茅产地的四周封禁并看守起来。天子总是要在泰山祭天，在梁父山祭地的。可以向天下诸侯下令说：'凡随从天子在泰山祭天、在梁父山祭地的，都必须携带一捆菁茅作为祭祀之用的垫席。不按照命令行事的不得随从前往。"天子命令一下，诸侯便都载运着黄金争先恐后地奔走求购储备。江淮的菁茅价格上涨十倍，一捆可以卖到百金。所以周天子在朝中仅仅三天，天下的黄金就从四面八方像流水一样聚来。因此，周天子七年没有索取诸侯的贡品，就是这个菁茅之谋的作用。以上是“菁茅谋”

**古今案例分析：**

马非百先生认为石壁之谋、菁茅之谋皆从汉武帝时事演绎而来，这里的“时事”指汉武帝时国家为了应付通货膨胀和财政危机，实施的造重币以回笼货币的政策。《史记·平准书》载：

县官财力告竭，然而富商大贾有的蓄积财物，奴役贫民，前呼后拥，车乘百余辆。囤积居奇，封君对他们也都俯首低眉，仰仗他们供给物资。有的冶铸煮盐，家财积累到万金，而不帮助国家的急难，黎民百姓陷于重困之中。于是天子与公卿商议，另造钱币以足用，并打击摧折那些浮华荒淫的兼并之徒。那时皇帝苑囿中有白鹿，少府有许多银锡。自孝文帝另造四铢钱以来，已有四十多年，从建元年间以来，用度不足，县官往往在产铜多的山旁冶铜铸钱，百姓也乘机偷铸，数目很大。钱越来越多而且轻，货物越来越少而且贵。有关机构的官员说：“古时候有皮币，诸侯聘享时使用。金有三等，黄金是上等，白金为中等，赤金为下等。如今的半两钱法定重量是四铢，而奸盗人等磨钱里以取铜屑，钱更轻薄物价更贵，远方用钱很不方便。”于是以白鹿皮一尺见方，饰以绣文，制成皮币，直四十万钱，规定王侯宗室来朝觐聘享，玉璧都必须以皮币作衬垫进献，然后礼仪得行。

当代工业社会，稀土是 17 种金属元素的统称。由于具有许多优异的光、电、磁等物理特性，能与其他元素组成品种繁多、用途各异的新型材料，稀土已成为高科技国际竞争中的重要战略资源；我国是世界第一稀土资源大国，全世界90%以上的稀土矿产品由中国供应，所以二十世纪九十年代就有“中东有石油，中国有稀土”的说法。

稀土作为我国在世界上少有的优势战略资源，中国却不掌握定价权。基本原因是缺乏统一管理，导致资源严重流失。早在1991年，稀土便被国家列为保护性开采特定矿种。1998年在机构改革中，国务院又保留了国家稀土办公室，并给予稀土办规划、研究、开发、使用稀土资源的职能。而在现实中，地方上无证开采、越界开采和乱采滥挖现象十分严重，资源利用率很低，破坏浪费严重。

## 三、栈台之谋：国家替贫民还债

**经济学阐微：**

经济学是一个民族经世济民历史经验的总结，中华经济史源远流长，我们积累了极为宝贵的经济管理经验和理论。同时我们必须客观看待西方经济理论，因为生搬硬套这些理论，极有可能导致不良后果。此计中实事求是的调查研究精神，值得我们学习！

中国古典经济理论对社会贫富分化现象极为关注。西方经济学用基尼系数（Gini Coefficient）定量测定收入分配的差异程度，基尼系数最大为“1”，最小为“0”。前者表示居民之间的收入分配绝对不平均，即全部收入被一个单位的人全部占有了；而后者则表示居民之间的收入分配绝对平均，即人与人之间收入完全平等；基尼系数在0.4以上表示绝对不平均。我们的基尼系数1996年已经达到0.424，2000年又增加到0.458，2005年已经近0.47。这样发展下去将是危险的，也与我们改革的初衷不相符合。

**原文：**

桓公曰："寡人多务，令衡籍吾国之富商蓄贾称贷家，以利吾贫萌、农夫，不失其本事。反此有道乎?"管子对曰："唯反之以号令为可耳。"桓公说："行事奈何?"管子对曰："请使宾须无驰而南，隰朋驰而北，宁戚驰而东，鲍叔驰而西。四子之行定，夷吾请号令谓四子曰：'子皆为我君视四方称贷之间，其受息之氓几何千家，以报吾。'"

鲍叔驰而西，反报曰："西方之氓者，带济负河，菹泽之萌也。渔猎取薪蒸而为食。其称贷之家多者千钟，少者六、七百钟。其出之，钟也一钟。其受息之萌九百余家。"宾须无驰而南。反报曰："南方之萌者，山居谷处，登降之萌也。上斫轮轴，下采杼栗，田猎而为食。其称贷之家多者千万，少者六、七百万。其出之，中伯伍也。其受息之萌八百余家。"宁戚驰而东，反报曰："东方之萌，带山负海，若处，上断福，渔猎之萌也。治葛缕而为食。其称贷之家丁、惠、高、国，多者五千钟，少者三千钟。其出之，中钟五釜也。其受息之萌八、九百家。"隰朋驰而北，反报曰："北方之萌者，衍处负海，煮泲水为盐，梁济取鱼之萌也。薪食。其称贷之家多者千万，少者六、七百万。其出之，中伯二十也。受息之萌九百余家。”凡称贷之家出泉三千万，出粟三数千万钟，受子息民三万（此有误，当为三千——笔者注）家。

四子已报，管子曰：“不意我君之有萌中一国而五君之正也，然欲国之无贫，兵之无弱，安可得哉？”桓公曰：“为此有道乎？”管子曰：“惟反之以号令为可。请以令贺献者皆以鐻枝兰鼓，则必坐长什倍其本矣，君之栈台之织亦坐长什倍。请以令召称贷之家，君因酌之酒，太宰行觞。桓公举衣而问曰：‘寡人多务，令衡籍吾国。闻子之假贷吾贫萌，使有以终其上令。寡人有鐻枝兰鼓，其贾中纯万泉也。愿以为吾贫萌决其子息之数，使无券契之责。’称贷之家皆齐首而稽颡曰：‘君之忧萌至于此！请再拜以献堂下。’桓公曰：‘不可。子使吾萌春有以傳耜，夏有以决芸。寡人之德子无所宠，若此而不受，寡人不得于心。’故称贷之家曰皆：‘再拜受。’所出栈台之织未能三千纯也，而决四方子息之数，使无券契之责。四方之萌闻之，父教其子，兄教其弟曰：‘夫垦田发务，上之所急，可以无度乎？君之忧我至于此！’此之谓反准。”

**译文：**

桓公说：“我需要办理的事情很多，只好派官向富商蓄贾和高利贷者征收赋税，来帮助贫民和农夫维持农事。但若改变这种办法，还有别的出路吗？”管仲回答：“只有运用号令来改变这种办法才行。”桓公说：“具体做法如何？”管仲回答：“请把宾须无派到南方，隰朋派到北方，宁戚到东方，鲍叔到西方。四人的派遣一定下来，我就对他们宣布号令说：‘你们都去为国君调查四方各放贷地区的情况，调查那里负债的人有多少千家，回来向我报告。’”

鲍叔驰到了西方，回来报告说：“西部的百姓，住在济水周围、大海附近草泽之地的百姓。他们以渔猎打柴为生。那里的高利贷者多的放债有千钟粮食，少的有六七百钟。他们放债，借出一钟粮食收利一钟。那里借债的贫民有九百多家。”宾须无驰车去了南方，回来报告说：“南方的百姓，是住在山上谷中、登山下谷的百姓。他们以砍伐木材，采摘橡栗，并从事狩猎为生。那里的高利贷者多的放债有一千万，少的有六七百万。他们放债，利息相当百分之五十。那里借债的贫民有八百多家。”宁戚驰车去了东方，回来报告说；“东方的百姓，是居山靠海，地处山谷，上山伐木，并从事渔猎的百姓。他们以纺织葛藤粗线为生。那里的高利贷者有丁、惠、高、国四家，多的放债有五千钟粮食，少的有三千钟。他们放债，借出一钟粮食，收利五釜。那里借债的贫民有八九百家。”隰朋驰车到了北方，回来报告说：“北方的百姓，是住在水泽一带和大海附近，从事煮盐或在济水捕鱼的百姓。他们也依靠打柴为生。那里的高利贷者，多的放债有一千万，少的有六七百万。他们放债，利息相当百分之二十。那里借债的贫民有九百多家。”上述所有高利贷者，共放债三千万钱，三千万钟左右的粮食。借债贫民三千多家。

四位大臣报告完毕，管仲说：“不料我国的百姓等于一国而有五个国君的征敛，这样还想国家不穷，军队不弱，怎么可能呢?”

桓公说："有办法解决吗？"管仲说："只有运用号令来改变这种情况才行。请命令前来朝拜贺献的，都须献来织有'鏤枝兰鼓'花纹的美锦，美锦的价格就一定上涨十倍。君上在'栈台'所藏的同类美锦，也会涨价十倍。再请下令召见高利贷者，由君上设宴招待。太宰敬酒后，桓公便提衣起立而问大家：'我需要办理的事情很多，只好派官在国内收税。听说诸位曾把钱、粮借给贫民，使他们得以完成纳税任务。我藏有'鏤枝兰鼓'花纹的美锦，每疋价值万钱，我想用它来为贫民们偿还本息，使他们免除债务负担。'高利贷者都俯首下拜说：'君上如此关怀百姓，请允许我们把债券捐献于堂下就是了。'桓公再说：'那可不行。诸位使我国贫民春得以耕，夏得以耘，我感谢你们，无所奖励，这点东西都不肯收，我心不安。'这样，高利贷者们都会说：'我们再拜接受了。'国家拿出栈台的织锦还不到三千纯，便清偿了四方贫民的本息，免除了他们的债务。四方贫民听到后，一定会父告其子、兄告其弟说：'种田除草，是君主的迫切要求，我们还可以不用心吗？国君对我们的关怀一至于此！'这套办法就叫作'反准'的措施。"

**古今案例分析：**

损有余补不足是中国古典哲学实现阴阳平衡的方法，从中医到中国古典经济理论，我们都能看到这种动态平衡思想的重要性。在栈台之谋中，齐桓公通过卖高价美锦来为百姓还债，事实上也是一种"损有余补不足"。

齐国的"鏤枝兰鼓"美锦的买方是高利贷者，且国家得到的钱是为了免除穷人的债务，整体上有利于社会经济系统的动态平衡。但如果在商业利益的驱动下非理性地推动某种商品的价格，其结果常常是灾难性的，从十七世纪荷兰的郁金香泡沫到十八世纪法国的密西西比泡沫，以及其后资本主义社会的金融泡沫都是这样。

物以稀为贵，十六世纪末，荷兰引入了第一棵郁金香。从1634 年开始，郁金香狂热像瘟疫一样在荷兰蔓延开来。由于价钱节节上升，你只需低买高卖，买高卖更高。得了甜头后，大家信心大增，倾家荡产地把更多的钱投入郁金香的买卖，希望赚取更多的金钱。原本旁观的人看到赚钱这么容易，也禁不住诱惑，加入疯狂抢购的队伍中。与此同时，欧洲各国的投机商云集荷兰，参与这一投机狂潮。无论是贵族、市民、农民，还是工匠、船夫、随从、伙计，都加入了郁金香的投机。

到 1636 年，郁金香的价格已经涨到了骇人听闻的水平。以一种稀有品种“永远的奥古斯都”为例，这种郁金香在 1623 年时的价格为 1000 荷兰盾，到 1636 年已涨到 5500 荷兰盾。1637 年 2 月，一枚“永远的奥古斯都”的售价曾高达 6700 荷兰盾。要知道，6700 荷兰盾足以买下阿姆斯特丹运河边的一幢豪宅或者购买 27 吨奶酪。

1637 年 2 月 4 日，郁金香泡沫突然崩溃。一时间，卖方大量抛售，使得市场陷入了恐慌状态。往昔金子般的郁金香简直成了烫手的山芋，无人再敢接手。一星期后，郁金香的价格平均已经下跌了 90%，那些普通品种的郁金香更是几乎一文不值。1637 年 4 月 27 日，在稳定郁金香市场的努力失败后，荷兰政府决定终止所有合同，禁止投机式的郁金香交易。

郁金香泡沫沉重打击了荷兰经济，成千上万的人在这个万劫不复的大崩溃中倾家荡产。从十七世纪中叶开始，欧洲繁荣的中心开始逐步转向英吉利海峡彼岸的英国。

荷兰的郁金香泡沫是公众非理性经济行为的产物，是自由市场内部正反馈作用的必然结果。而80年后法国的密西西比泡沫则有完整的理论，且由政府直接推动。令人感到不可思议的是，密西西比泡沫的始作俑者约翰·劳（John Law）的理论竟然成为当代供给学派和货币学派的先声，直接影响了当代世界经济。美国经济学家熊彼特（1883～1950）甚至赞扬说，约翰·劳的金融理论使他在任何时候都可以跻身于第一流货币理论家的行列之中——不过除了少数经济学家，更多的人将约翰·劳称为疯子或骗子。

事实上，约翰·劳的思想直接违反中国古典经济理论资（商品）币（货币）平衡的原则，却构成了当代西方经济理论的核心组成部分。比如约翰·劳认为在就业不足的情况下，增加货币供给可以在不提高物价水平的前提下增加就业机会和国民产出。一旦产出增加后，对货币的需求也会相应提高。在实现了充分就业之后，货币扩张能够吸引外部资源，进一步增加产出。因此，他鼓吹纸币本位制较贵金属本位制具有更大的灵活性，因为前者给了发行货币的银行更多的运转空间和控制宏观经济的能力。

约翰·劳忘了：**市场上如果没有足够的商品做后盾，纸币早晚会贬值，单纯用纸币是无法创造稳固的国家信用的；进入二十一世纪，美国在强大军事机器和先进信息技术的支持下，仍在实**

**行着约翰·劳的政策，二十世纪七十年代以后通过不负责任的大量印刷美元维持着经济的持续增长，同时在全世界制造着经济泡沫和通货膨胀。**其程度比 1720 年的法国密西西比泡沫崩溃时的程度要小，但其规模却比十八世纪的法国大得多——连中国都是美国巨额国债的持有者。

## 四、纂茈之谋：票据可聚天下财

**经济学阐微：**

“经济”在中国文化语境中是经世济民之义，《周易·系辞下》将经济与义直接联系起来，上面说：“何以聚人曰财，理财正辞、禁民为非曰义。”进而言之，经济学的目的不是看得见的货币或看不见的 GDP，而是社会的治理。

人类对经济现象的理解也是一个不断加深的过程，两千多年前，《管子·国蓄第七十三》的作者就曾指出，货币本身并非财富，而是控制财富的工具。所谓“三币握之则非有补于暖也，食之则非有补于饱也，先王以守财物，以御民事，以平天下也。”西方国家经过重商主义阶段后，大英帝国及今天的美帝国都不再努力增加出口、增加货币财富。

**原文：**

管子曰：“昔者癸度居人之国，必四面望于天下，天下高亦高。天下高我独下，必失其国于天下。”桓公曰：“此若言曷谓也?”管子对曰："昔莱人善染。练茈之于莱纯锱，緺绶之于莱亦纯锱也，其周中十金。莱人知之，间纂茈空。周且敛马作见于莱人操之，莱有准马。是自莱失纂茈而反准于马也。故可因者因之，乘者乘之，此因天下以制天下。此之谓国准。"

**译文：**

管仲说："从前癸度到一个国家，一定要从四面八方调查外国情况，天下各国物价高，本国也应高。如果各国物价高而本国独低，必然被天下各国吞掉。"桓公说："这话是什么意思呢？"管仲回答："从前莱国擅长染色工艺，紫色的绢在莱国的价钱一纯只值一锱金子，紫青色的丝绦也是一纯值一锱金子，而在周地则价值十斤黄金。莱国商人知道后，很快把紫绢收购一空。周国却拿出票据作为抵押，从莱国商人手里把紫绢收购起来，莱国商人只握有一定面值的票据。这时莱国自己失掉了收集起来的紫绢，而只好用票据收回钱币了。因此，可以利用就要利用，可以掌握就要掌握，这就是周人利用天下来控制天下的情况，也叫作国家的平准措施。"

**古今案例分析：**

纂（zuǎn）茈（zǐ），紫色的绢。马非百先生释此谋说："周人以重价及准马抢购之后，莱人遂自失其所收集之各种染织物，而所得者不过是以准马向周人收回钱币而已。"这就使得周人牢牢控制了货币的发行权，取税天下，它与二十世纪七十年代出现的“石油美元”没有任何本质的区别。只不过周人是为国家理财，而石油美元则是欧美石油金融巨头操纵的结果。1973 年的第一次石油危机使包括欧美在内的世界经济受到严重打击，唯有英美跨国石油公司和伦敦纽约的各大银行赚了个盆满钵满。

1973 年 10 月 6 日，埃及和叙利亚入侵以色列，点燃了“赎罪日战争”的烽火。围绕它的开打，华盛顿和伦敦秘密策划了一系列事件，并动用了由尼克松的国家安全顾问基辛格博士建立的强大秘密外交渠道：通过以色列驻华盛顿大使，基辛格有效地控制住了以色列的政策反应。同时，他还开辟了与埃及和叙利亚的沟通渠道——做法十分简单，就是在关键问题上向对方误传消息，确保战争和接下来的石油禁运按有利于西方石油和金融巨头的方式展开。

1973 年 10 月 16 日，欧佩克在维也纳召开会议，决定将油价从每桶 3.01 美元提高到 5.11 美元，涨幅高达 70%（到第二年中，这个数字一度达到近 12 美元）。次日，欧佩克组织中的阿拉伯成员国在历数“美国在中东战争中支持以色列的种种罪状”后，正式宣布停止向美国和荷兰出口石油（荷兰鹿特丹一直是欧洲主要的石油输入港口）。至此，第一次“石油危机”全面爆发。

与表面上剑拔弩张相反，美国政府这时却和沙特阿拉伯货币局达成了一项秘密协定，规定沙特阿拉伯的大部分石油税收收益将用于弥补美国政府的财政赤字。促成此事的正是基辛格。1974 年，基辛格临危受命，他的首要目标就是迫使石油输出国接受以美元来结算石油交易。基辛格利用与沙特皇室成员的亲密关系，说服沙特政府采用美元作为唯一的结算货币，并把销售石油所取得的美元通过购买美国国债再回流到美国（the recycling of petro-dollars）。基辛格还进一步要求沙特作为 OPEC 的主要成员国，说服其他国家使用美元结算石油交易。所有的国家都需要石油，只要在国际市场上购买石油，就必须要用美元结算，美元成为所有国家必须拥有的外汇储备。在当今的世界上，70% 的国际贸易都是用美元结算。

同时，年轻的华尔街银行家、专门经营债券的大卫·马尔福德也被悄悄派往中东，担任沙特货币局的首席“投资顾问”。他的唯一任务是指导沙特把石油美元投资到伦敦和纽约的大银行；当时的美国财长威廉·西蒙（William E. Simon）除了以强势手段要求产油国必须将石油美元存入美国银行，还力劝他们不要直接投资于美国公司。因为美国不怕中东出现富国，却比任何国家都害怕中东地区出现一个强国，进而威胁石油美元体系——不过最后萨达姆的伊拉克还是成了美国的噩梦。

此举还使得美国银行可以将石油美元借贷给发展中国家，而那些国家只能通过向美国出口并赚取美元后才能偿还贷款。这成为二十世纪全球化的开端，新兴经济体依赖于美国消费品市场，因而被迫向以美元结算的美国资本开放本国金融市场。结果美元资本的跨国活动管制放松，并由此引发在墨西哥、拉丁美洲的金融危机，以及 1997 年亚洲金融危机。在某种意义上，目前尚未结束的美国次贷危机不过是这一系列危机在美国国内的回响——约翰·劳的纸币理论仿佛是一个飘荡在西方经济学上空的恐怖幽灵，久久不肯离去……

## 五、籍谷之谋：均平百姓有妙法

**经济学阐微：**

《老子》云："道可道，非恒道。"中国古典经济理论、政策，无论对外贸易还是管理国内经济莫不深入观察市场，经过比较研究，睹万物之情，行因应变化之术。而西方经济理论习惯于株守一术，坚守一个主义，直到出现问题为止——从凯恩斯主义到货币主义几乎都是这样。

尹知章注此计云："君下令税人三十钱，准以五谷，令齐西之人纳三斗，东之人纳三釜，以赈西之人，则东西俱平矣。管子智用无穷，以区区之齐一匡天下，本仁祖义，成其霸业。所行权术，因机而发，非为常道。"

为了更清楚地表示《籍谷之谋》均平百姓的办法，我们列表如下：

**表 8-1 均平百姓的办法**

| | 齐西欠收区 | 齐东丰收区 |
|---|---|---|
| 每釜粮食价格（钱） | 100 | 10 |
| 每斗粮食价格（钱） | 10 | 1 |
| 人口税征收额（钱） | 30 | 30 |
| 折成粮食缴纳（斗） | 3 | 30 |

**原文：**

桓公曰："齐西水潦而民饥，齐东丰庸而粟贱，欲以东之贱被西之贵，为之有道乎？"管子对曰："今齐西之粟釜百泉，则鏂二十也。齐东之粟釜十泉，则鏂二钱也。请以令籍人三十泉，得以五谷菽粟决其籍。若此，则齐西出三斗而决其籍，齐东出三釜而决其籍。然则釜十之粟皆实于仓廪，西之民饥者得食，寒者得衣；无本者予之陈，无种者予之新。若此，则东西之相被，远近之准平矣。"

**译文：**

桓公说："齐国西部发生水灾而人民饥荒，齐国东部五谷丰足而粮价低廉。想用东部的粮价低廉来平衡西部的粮价昂贵，有办法吗？"管仲回答："现在西部的粮价每釜百钱，每鏂就是二十钱。东部的粮食每釜十钱，每鏂只是二钱。请下令向每一口人征税三十钱，并要用粮食来缴纳。这样，齐国西部每人出粮三斗就可以完成，齐国东部则要拿出三釜。那么，一釜仅卖十钱的齐东粮食就全都进入国家粮仓了。西部的百姓也就可以饥者得食，寒者得衣，无本者国家贷予陈粮，无种者国家贷予新粮。这样，东西两地得以相互补助，远近各方也就得到调节了。"

## 六、谢物之谋：防止私商的投机行为

**经济学阐微：**

"谢物"，即因新需要而要卖出的旧物。在某一季节农民因生产生活需要大量卖出物资时，国家必须“物贱而买之”，以防止私商的投机行为。《管子·轻重甲第八十》上说：“且君朝令而夕求具，有者出其财，无有者卖其衣屦，农夫粜其五谷，三分贾而去。”《管子·揆度第七十八》：“君朝令而夕求具，民肆其财物与其五谷为雠（音 chóu，销售的意思——笔者注），厌（分）而去。贸人受而廪之，然则国财之一分在贾人。”都是讲农民会因在某一时期集中出卖物资利益受损，商人得利。

**“时”的概念对于西方政治经济学是陌生的，在中国古典政治经济理论中却极为重要。做事只有不违天时，抓住稍纵即逝的时机，当时为事，才能取得事半功倍的效果。这要求事前有所准备，静以待时。**《管子·霸言第二十三》论证说：“圣人能辅时，不能违时。智者善谋，不如当时。精时者，日少而功多。夫谋无主则困，事无备则废。是以圣王务具其备，而慎守其时。以备待时，以时兴事。”

**原文：**

桓公曰：“衡数吾已得闻之矣，请问国准。”管子对曰：“孟春且至，沟渎阸而不遂，溪谷障上之水不安于藏，内毁室屋，坏墙垣，外伤田野，残禾稼。故君谨守泉金之谢物，且为之举。大夏，帷盖衣幕之奉不给，谨守泉布之谢物，且为之举。大秋，甲兵求缮，弓弩求弦，谨守丝麻之谢物，且为之举。大冬，任甲兵，粮食不给，黄金之赏不足，谨守五谷黄金之谢物，且为之举。已守其谢，富商蓄贾不得如故。此之谓国准。”

**译文：**

桓公说："平衡供求的理财方法我已经知道了，请问关于国家的平准措施。"管仲回答："初春一到，沟渠堵塞不通，溪谷堤坝里的水泛滥成灾，内则毁坏房屋、墙垣，外则损害田地、庄稼。因此，国家应注意百姓为上交水利费用而抛卖的物资，并把它收购起来。夏季，兵车的帷盖衣幕供应不足。国家应注意百姓为上交布帛而抛卖的物资，并把它收购起来。秋季，盔甲兵器要修缮，弓弩要上弦。国家要注意百姓为上交丝麻而抛卖的物资，并把它收购起来。冬季，雇人做盔甲兵器，粮食供应不足，黄金赏赐不足，国家应注意百姓为上交粮食、黄金而抛卖的物资，并把它收购起来。国家把这些物资掌握起来以后，富商蓄贾就无法施其故技了。这就是国家的平准措施。"

**古今案例分析：**

谢物之谋反映了中国古典经济理论对商人的态度，就是严防私人资本投机、垄断市场。

东西方历史经验告诉我们，对商人和商业的态度是决定社会形态的重要因素。在欧洲的中世纪及中国汉以后，商人阶层几乎成了人人喊打的对象，抑商甚至最大限度的"灭商"成了社会的主流，这种态度对社会经济的发展会产生较大的负面影响。

欧洲中世纪以后，对商人和商业的态度从一个极端到另一个极端，从抑商发展到资本决定一切，这种局面一直持续到今天。

资本主义在全球的胜利已经严重威胁到世界和平和人类的可持续发展，战争的目的不再是为了正义，而是资源的掠夺；经济生产的目的不再是为了人类的普遍福利，而是为了资本的扩张和投机……

按照中国古典政治经济理论百姓均平的思想，大商、大农、大工是三种基本的职业分工，他们是平等的，国家作为社会整体意志的体现应保证各个阶层力量的均衡，不使其中任何一个阶层垄断国家政权，这样国家最高领袖就得以在上无为而治。《尹文子·大道上》说："如果要使国家得到全面的治理而没有欠缺，就应使事情的方方面面恰如其分，农民、商人、工人、官吏，都各守其业。如果有经验的老农和擅长经商的商人，熟练的工匠和老练的官吏，都发挥自己的专长，那么处在上层的统治者还有什么事情需要亲自做呢？"（原文：全治而无阙者，大小、多少，各当其分；农商工仕，不易其业。老农、长商、习工、旧仕，莫不存焉，则处上者何事哉？）

公元前81年，西汉政府举行了著名的盐铁会议，讨论盐铁专卖政策是不是要取消的问题，实际也是讨论国家对商人和商业的政策问题。当时儒家主张取消盐铁专卖的放任经济市场，实行所谓"排困市井"的抑商政策，客观上为东汉以后儒学与权力结合的怪胎——士族集团的崛起奠定了理论基础。

后来，十八世纪的法国重商主义催生了西方古典经济学，又为资本主义的产生铺平了理论道路，而中国包括商人阶层在内各阶层平衡的思想则永远地成为历史；早在十八世纪的亚当·斯密时代，西方人就将中国古典经济理论政府参与市场，因势利导的“无为”错误地理解成为儒家不干预市场、自由放任的“不为”，这一错误可悲地成为当代西方政治经济理论的核心。清代学者唐晏（1857～1920年）解释：“无为之说与不为大异。夫不为者乃坐视事机之放弃而不知挽，若夫无为则熟思审处，灼见事机，因其利而导之，如大禹之行水，韩白之用兵。”①

在中国，放任经济市场结合抑商政策产生了支配社会两千多年的儒家士绅集团；在西方，放任经济市场结合重商政策产生了资本家。他们的基础都是放任经济市场，却因为对商人态度的不同形成了完全不同的社会形态。亚当·斯密建立自己的古典经济体系时，没有采用儒家泛道德主义的形式，而是借用了牛顿的机械论宇宙观，认为自由市场通过“看不见的手”会自动实现社会利益的优化和内部的平衡。现代系统论告诉我们，亚当·斯密的理论有根本的缺陷，市场作为复杂巨系统不会自动实现平衡——儒家的重要经济理论最终被西方的系统论送进了坟墓——历史是怎样的奇妙啊！

## 七、彗星之谋：利用世人迷信心理敛财

**经济学阐微：**

此计与《管子·轻重甲第八十》“五吏之谋”中“藉于鬼

---

① 罗检秋：《近代诸子学与文化思潮》，中国社会科学出版社，1998年版，第81页。

神”有相通之处，都是智者利用百姓的迷信恐惧心理，增加财政收入。《轻重丁第八十三》将其称之“智者役使鬼神而愚者信之”。

本计“乘天灾而求民邻财之道”，在生于科学昌明之世的我们看来，近乎荒诞，然观察星宿判断吉凶，在汉代仍十分盛行，《史记·天官书》《汉书·天文志》中皆有多条记载。

**原文：**

桓公终神，管子入复桓公曰：“地动，疫之灾兆，国有恸。风动，疫之灾兆。国有枪星，其君必辱；国有彗星，必有流血。浮丘之战，彗之所出，必服天下之仇。今彗星见于齐之分，请以令朝功臣世家，号令于国中曰：‘彗星出，寡人恐服天下之仇。请有五谷菽粟布帛文采者，皆勿敢左右。国且有大事，请以平贾取之。’功臣之家、人民百姓皆献其谷菽粟、泉金，归其财物，以佐君之大事。此谓乘天灾而求民邻财之道也。”

**译文：**

桓公祭神完毕，管仲向桓公报告说：“地震是瘟疫的先兆，国家会发生不幸。发生风暴，也是瘟疫的先兆。国家若出现枪星，其国君必将受辱；若出现彗星，必然有流血之事。浮丘战役，彗星就曾出现，因而必须对付天下的敌人。现在彗星又出现在齐国地界，请下令召集功臣世家，并向全国发布号令说：‘现在彗星出现，我恐怕又要出兵对付天下的仇敌，存有五谷菽米、布帛彩绢的人家，都不得私自处理。国家将有战事，要按照平价由国家收购。’功臣之家和居民百姓都把他们的粮食、钱币与黄金呈献出来，无偿提供他们的财物来支援国家大事。这乃是利用天的灾异求取民财的办法。”

**古今案例分析：**

利用世人迷信心理或纯洁信仰敛财的案例屡见不鲜，不同的是，彗星之谋是为国家理财，而历史上太多的人却是为了个人的私欲。

《管子·山权数第七十五》有一则用龟作为重币敛财的案例，作者认为，任何国家都要有这种类型的重币——而重币信用更多是用迷信方法建立的，后面显然没有足够商品的支撑。

欧洲历史上最有名的利用人们迷信心理敛财的例子，是中世纪罗马天主教廷颁发的赎罪券。

赎罪券又名“赦罪符”。早在 1095 年教皇乌尔班二世发动第一次十字军运动时，为了让十字军战士加强其宗教信仰，教皇宣布所有参军的人可以减免罪罚，并为每一位十字军人发放赎罪券。据说教会能够减免罪罚的理论根据是：教会掌握着“功德库”，储存基督无限的恩功和殉道圣徒的多余善功，可以拨给信徒，以抵减他们犯罪应得的刑罚。当时的赎罪券具有更多的宗教意义，还没有敛财功用。

1300 年，教皇卜尼法斯八世（Benedetto Caetani）宣布，凡到罗马朝圣的信徒可免除受洗以后所犯的罪。其后，教会宣告凡未能亲身到罗马朝圣者，可用金钱代替。至此，赎罪券已经包含经济目的。到十六世纪宗教改革时，赎罪券完全蜕化为罗马天主教会掠夺西欧各国人民钱财的卑劣手段。

当时的教皇是利奥十世（Leo X），此人出身佛罗伦萨富有的美第奇家族，生活豪侈淫佚。为兴建圣彼得大教堂，用售卖赎罪券来筹款。当时罗马天主教会宣布只要购买赎罪券的钱一敲钱柜，就可以使购买者的灵魂从地狱升到天堂。

利奥十世赎罪券的推销员遍布欧洲各个城镇，压榨所有信徒的钱财，这些推销员无耻地夸张赎罪券的功能说："当你购买赎罪券的银钱叮当落在箱子里，你的亲人就从炼狱的火焰中出来了。"有这样一则故事，一名赎罪券推销员对他的顾客说："你投下银钱，现在我看见你父亲的左腿已经迈出炼狱的火焰，只剩右腿还在火里面，再继续加钱吧！"那人说："不必了，我父亲并没有右腿！"

1517 年，马丁·路德将驳斥教皇的《关于赎罪券效能的辩论》（俗称《九十五条论纲》）贴在了维登堡大教堂的大门上，从而引发了影响整个西方世界的宗教改革运动。但直到 1567 年，罗马天主教廷才正式停止售卖赎罪券。

纯洁的信仰为经济利益玷污是多么可怕啊！

## 八、城阳之谋：严法生大德

**经济学阐微：**

理论上，中国古典经济思想与中医相通，比如财产的兼并，意味着经济血脉的不通畅，政府必须站在国家整体的角度调通才行。公元前81年的盐铁会议上，御史们直接将桑弘羊的工作比作神医扁鹊针灸治病，他们说："上大夫君与治粟都尉管领大农事，灸刺稽滞，开利百脉，是以万物流通，而县官富实。"（《盐铁论·轻重第十》）

《城阳之谋》可总结为八个字：重其轻者，榜样力量；假如桓公不剥夺了城阳大夫的爵位并软禁了他，单凭言传身教，恐怕很难达到"推仁立义"的效果。历史上汉武帝也曾树立卜式——这个捐钱为国分忧的典范，结果很不成功。注家多将"缪数"解释为巧术或诈术，事实上在这些巧术或诈术后面，亦有治国的真理——治国不能单凭德教，还要依靠法治力量！

**原文：**

桓公曰："大夫多并其财而不出，腐朽五谷而不散。"管子对曰："请以令召城阳大夫而请之。"桓公曰："何哉？"管子对曰："'城阳大夫，嬖宠被絺绤，鹅鹜含余秩，齐钟鼓之声，吹笙篪，同姓不入，伯叔父母远近兄弟皆寒而不得衣，饥而不得食。子欲尽忠于寡人，能乎？故子毋复见寡人。'灭其位，杜其门而不出。"功臣之家皆争发其积藏，出其资财，以予其远近兄弟。以为未足，又收国中之贫病孤独老不能自食之萌，皆与得焉。故桓公推仁立义，功臣之家兄弟相戚，骨肉相亲，国无饥民。此之谓缪数。

**译文：**

桓公说："许多大夫都隐藏他们的财物不肯提供出来，粮食烂了也不肯散给贫民。”管仲回答：“请下令召见城阳大夫，谴责他。”桓公说：“怎样谴责他?”管仲回答：“这样讲：‘城阳大夫，你姬妾穿着高贵的衣服，鹅鸭有吃不完的剩食，鸣钟击鼓，吹笙奏篪（音 chí，古代一种管乐器），同姓进不了你的家门，伯叔父母远近兄弟也都寒不得衣、饥不得食。你这样还能尽忠于我吗？你再也不要来见我了。’然后免去其爵位，封禁门户不许他外出。”这样一来，功臣之家都争着动用积蓄，拿出财物来救济远近兄弟。这还感到不够，又收养国内的贫、病、孤、独、老年等不能自给的人，使之得有生计。所以，桓公推仁行义，功臣世家也就兄弟关心、骨肉亲爱，国内没有饥饿的人民了。这就叫作“缪术”。

**古今案例分析：**

有时，重其轻者的刑事政策不仅在政治上是重要的，在经济上也很重要。城阳之谋中，齐桓公通过对为富不仁的城阳大夫严惩，强力推行仁政，弱者得到扶助。

“9·11”后，美国大公司的财务丑闻爆发。先是 2001 年 12 月 2 日，曾在《财富》杂志世界 500 强排名第 16 位的安然公司宣布破产保护。此前，媒体透露，安然涉嫌做假账，正受到有关部门调查。此后，世界通讯公司等一连串的大公司财务丑闻相继曝光，按公司资产计算的美国企业破产案纪录也不断刷新。随着调查的深入，一些知名的大银行、大证券公司、大会计师行被牵扯了进去。

公司财务丑闻严重伤害了美国投资者的信心，美国经济遭受严重打击，同时也引起各国对自己的企业和证券市场监管工作的深入反思。一些人甚至对美式自由市场经济提出了质疑。在这种情况下，美国人没有空喊提高公司高级管理人员的职业道德，而是制定法律约束企业高管。以法生德，其中坚持了重其轻者的刑事政策。

2002 年 7 月 30 日，当时的美国总统布什在白宫签署了公司改革法案。据说该法案是美国自 1929 年股市崩盘以来最彻底的金融制度整治和公司治理措施。按照该法案，限制会计师向被审计的客户提供咨询服务，防止出现大型会计师行业间的利益冲突；规定对参与财务诈骗的经理人员实行严厉的刑事制裁，要求首席执行官和董事会对公司的财务报表负直接责任；法案还设立了一项新的罪名，叫证券诈骗罪，最长刑期达 20 年，其他白领犯罪的监禁期也将翻倍。时任美国财政部长奥尼尔针对上述措施表示："我可以肯定没有那个执行官胆敢再次实施欺诈行为，我们将为企业重新开始清白的运营奠定基础。"

齐桓公强行仁政的目的实现百姓均平，而不是为了社会某个阶层的利益。中国人民大学清史研究所高王凌教授在研究中国传统社会地主与农民的关系过程中发现：**历史上朝廷常常既不是站在地主富人一边，也不是站在佃户穷人一边，而是代表社会整体平衡调和二者的关系。**

高王凌在《租佃关系新论——地主、农民和地租》（上海书店出版社，2005 年）一书中，通过归纳民国年间，特别是二十世纪三十年代以来的调查统计资料，以详实的数据告诉我们，旧中国地主占有土地不足总耕地面积的40%，地租实收率仅为30%左右。地主也不是在经济上压迫农民，在政治上控制农民。农民和地主实际上是一种博弈关系，佃户以拖欠、求让、偷割私分、压产、反退佃、辞佃、罢种、逃租及转佃、恃强、构讼、交“湿谷”“瘪谷”，直到暴力反抗和有组织的斗争等方式争取尽可能多的所得，结果地主实际取得的地租只占与佃农约定租额的七八成左右。地主更不能随意“增租夺佃”，打官司也很难赢，从《清实录》所载的几个案例来看，案件中主要惩治了官绅地主。

**传统中国社会皇权不代表地主阶级的利益是显而易见的。在皇权、地主与农民之间，皇权是中性的，起到平衡后二者利益的作用。从清律中我们能清楚地看到这一点。**

雍正五年（1727年），河南巡抚田文镜鉴于士绅地主有时视佃户为奴隶、私刑拷打、淫其妇女，有的佃民饮恨吞声，地方官徇私纵虐等现象，请求朝廷立法禁止。为此清政府发布了“定田主苛虐佃户及佃户欺慢田主之例”，其中既规定禁止绅衿仗势责打佃户、奸占妇女，保护佃户的人身不受随意侵犯，又针对佃农拖欠租课的情况，力图保证地主能及时取得地租。

另外，在清代租佃纠纷中，不论是地主还是佃户，法律上是平等的，凡伤人致死均严格执行“杀人抵命”的原则，一律判处死刑。比如福建顺昌县，黄凤彩租地主张汝纹山地种茶，后张汝纹勒加租钱，并威迫佃农须“清还旧欠，才许採茶”。发生争执后将黄殴伤，张还“混疑黄凤彩装饰伤重，用绳拴拉赴审，以致气闭身死”。江苏奉贤县，地主金胜章因佃农“王武京拖欠旧租，令家人锁押索还，致王武京受寒身死”。最后张汝纹、金胜章二人均处以“绞监候，秋后处决”。广东惠来县，佃农曾桂兴欠地主温荣睦租谷三石九斗。两年之后，地主算取高利，索还租谷十二石六斗。曾桂兴“以租谷从无利息”为由，与地主发生争论，并将其殴伤致死。浙江东阳县，佃农邵亨全欠邵亨菊地租一石九斗五升。次年五月，邵亨全“牵牛赴田耕犁，邵亨菊往阻夺牛”，扬言起佃，遂发生争执，邵亨全殴伤地主致死。曾桂兴、邵亨全也均被判处“绞监候，秋后处决”。中国社会科学院经济研究所研究员方行先生认为：“清代通过政府立法，特别是民间立法，抓住关键，大体上解决了租佃关系中的公平问题。既导致了租佃制度的稳定和发展，也导致了社会经济的稳定和发展。”①

大量的政治、经济事实使我们看到，中国社会具有完全不同于西方社会的政治经济组织形态。中国政府不是代表某一个阶层的利益，而是站在各个阶层利益之上平衡整个社会——这是中国古代政府的最典型的特征。

## 九、峥丘之谋：榜样的经济力量

**经济学阐微：**

《管子》的作者认为，轻重之数在战争时期可以筹集军费，

---

① 方行，《清代租佃制度述略》，《中国经济史研究》2006 年第 4 期。

赏有功；在和平时期可以奖励诚信之士，推行仁义。经济与伦理不可分割。《管子·揆度第七十八》上说：“（轻重之数）国有患忧，轻重五谷以调用，积余藏羡以备赏。天下宾服，有海内，以富诚信仁义之士，故民高辞让，无为奇怪者。彼轻重者，诸侯不服以出战，诸侯宾服以行仁义。”

如果说前面的“城阳之谋”突出负面的榜样力量，那么峥（zhēng）丘之谋突出正面的榜样力量。“教训成俗则刑罚省”，德治同样不容忽视。1997 年亚洲金融危机发生时，韩国面临支付危机，韩国的老百姓在街头捐首饰帮助政府还债，令人感动。

**原文：**

桓公曰：“峥丘之战，民多称贷负子息，以给上之急，度上之求。寡人欲复业产、此何以洽?”管子对曰：“惟缪数为可耳。”桓公曰：“诺。”令左右州曰，“表称贷之家，皆垩白其门而高其闾。”州通之师执折箓曰：“君且使使者。”桓公使八使者式璧而聘之，以给盐菜之用。称贷之家皆齐首稽颡而问曰：“何以得此也?”使者曰：“君令曰：‘寡人闻之《诗》曰：恺悌君子，民之父母也。寡人有峥丘之战，吾闻子假贷吾贫萌，使有以给寡人之急，度寡人之求，使吾萌春有以傳耜，夏有以决芸，而给上事，子之力也。是以式璧而聘子，以给盐菜之用。故子中民之父母也。’”称贷之家皆折其券而削其书，发其积藏，出其财物，以赈贫病，分其故资，故国中大给，峥丘之谋也。此之谓缪数。

## 译文：

桓公说："峥丘那次战役，许多百姓都借债负息，以满足国家的急需，交上国家的摊派。我想恢复他们的生产，应当如何解决？"管仲回答："只有实行'缪术'才可以。"桓公说："好。"便命令左右各州说："要表彰那些放债的人家，把他们的大门一律粉刷，把他们的里门一律加高。"州长又报告乡师，并拿着放债人的名册说："国君将派遣使者来拜问。"桓公果然派八名使者送来玉璧来聘问，说是给一点微薄的零用。放债者俯首叩头询问说："我们为什么得此厚礼呢？"使者说："君令这样讲：'寡人听到《诗经》说：和易近人的君子，是人民的父母。寡人曾有峥丘之战，听说你们借债给贫民，让他们满足了我的急用，交上了我的摊派。使贫民春能种，夏能耘，而供给国家需要，这是你们的功绩。所以带着各种玉璧送给你们，作为微薄的零用。你们真是百姓的父母。'"放债的人家因此毁掉债券和借债文书，献出他们的积蓄，拿出他们的财物，赈济贫病的百姓。既然分散了他们积累的资财，所以全国大大丰足起来，这都是峥丘之谋的作用。这个也叫"缪数"。

## 古今案例分析：

**《管子·枢言第十二》中说："先王贵诚信。诚信者，天下之结也。"公众的信心，政府的诚信是国家信用的来源，是经济生活最为基础的结构，也是经济得以稳定发展的根本动力，在困难**

**的时代尤其是这样。**

一位中国记者曾用“令人感动而且害怕”一语形容韩国人的爱国心，他说：“1997 年金融危机后，韩国经济受到重创，政府号召妇女捐出金银首饰，以补充虚弱的国库，结果韩国城乡妇女无论老幼均积极响应。在汉城的大街上，几乎看不到日本或欧美的进口车，韩国自产的现代或大宇占据绝大多数。一位在韩国生活多年的华人对我们说：‘在韩国进口商品更便宜，他们有个观念，自己的东西就是好。比如在韩国卖的香蕉就很便宜，因为韩国不产香蕉，香蕉都是进口的。’”①

精神力量在关键时刻能拯救危机。1933 年富兰克林·罗斯福（Franklin D. Roosevelt）第一次入主白宫的时候，美国的经济已经处于崩溃的状态，人们尚没有从大萧条的恐惧中解脱出来。在 1933 年 3 月 4 日的就职演说中，罗斯福总统要人们战胜恐惧，他说：“让我首先表明我的坚定信念：我们唯一不得不害怕的就是害怕本身——一种莫名其妙、丧失理智的、毫无根据的恐惧，它把人转退为进所需的种种努力化为泡影。凡在我国生活阴云密布的时刻，坦率而有活力的领导都得到过人民的理解和支持，从而为胜利准备了必不可少的条件。我相信，在目前危急时刻，大家会再次给予同样的支持。我和你们都要以这种精神，来面对我们共同的困难。感谢上帝，这些困难只是物质方面的。”

---

① 黄广明：《大一统与多元化——太极旗的阴阳两极》，载《南方人物周刊》2005 年第 25 期。

罗斯福安慰人心的重要手段是有名的“炉边谈话”。1933 年 3 月 12 日，即就职总统后的第 8 天，罗斯福在白宫外宾接待室的壁炉前接受美国广播公司、哥伦比亚广播公司和共同广播公司的录音采访，工作人员在壁炉旁装置了扩音器。总统说：“希望这次讲话亲切些，免去官场那一套排场，就像坐在自己的家里，双方随意交谈。”哥伦比亚广播公司华盛顿办事处经理哈里·布彻说：“既然如此，那就叫‘炉边谈话’吧。”

第一次“炉边谈话”的经济背景是极为严峻的，当时的银行信用已不复存在，各州的信托公司到了山穷水尽的地步，银行成批倒闭，全国银行库存黄金不到 60 亿元，却要应付 410 亿元的存款，银行门前人山人海，挤兑风潮遍及全国。在罗斯福宣布就职的那一天，证券交易所正式关闭。1933 年 3 月 5 日，罗斯福上任的第二天就发布了两条总统通令：一是要求国会于 3 月 9 日举行特别会议和宣布所有银行休假 4 天。国会特别会议赋予政府控制金融的权力和根据银行资产发行货币的权力。二是赋予政府对囤积和输出黄金的行为实施严惩的权力。银行休假有助于打破充斥于金融界的恐慌和紧张状态，使政府扼制了挤兑风潮和有时间赶印货币。

3 月 12 日，正是银行即将重新开业的前夜，罗斯福这次“炉边谈话”是为了取得人民对政府政策的理解和信任。他用质朴亲切的语气，对全国人民就银行暂停营业的问题进行了耐心的解释，他说：“我要指出一个简单的事实，你们把钱存进银行，银行并不是把它锁在保险库里了事，而是用来通过各种不同的信贷方式进行投资的，比如买公债、做押款。换句话说，银行让你们的钱发挥作用，好使整个机构转动起来……我可以向大家保证，把钱放在经过整顿、重新开业的银行里，要比放在褥子下面更安全。”

第一次“炉边谈话”取得了意想不到的效果。在一定程度上化解了长期郁结在人们心中的疑团和不满。第二天，部分银行开业，人们携带着装有黄金和货币的大箱小包，在银行门前排起长龙，把不久前也是这样排着长队挤兑的通货存入银行。只过了3天，美国有574家银行开业，几天里，银行回收了3亿元的黄金和黄金兑换券。不出一周，占全国总数的3/4的，13500家银行复了营业，交易所又重新响起了锣声。

罗斯福在其12年总统任期内，共做了30次“炉边谈话”，每当美国面临重大事件之时，总统都用这种方式与美国人民沟通，以便取得人们的理解和信任。从经济危机到第二次世界大战，罗斯福带领美国人民胜利度过了历史上少有的多事之秋。

“炉边谈话”作为一种精神象征永远被定格于历史。今天，在华盛顿罗斯福广场，人们可以看到这样一尊塑像：一个穿着普通服装的平民，坐在房间一角，侧着脑袋，正全神贯注地听着什么。他在聆听罗斯福总统的“炉边谈话”……

## 十、抗庄之谋：发展娱乐业，节制资本

**经济学阐微：**

节制资本是中国古典经济思想一贯的主张。《管子·权修第

三》认为，市场上店铺不成行列，是百姓富裕自足的标志，上面说："市不成肆，家用足也。"显然作者反对过度商业化，主张农民回归本业。

本计的目的与《管子·轻重乙第八十一》"城藏之谋"一样，都是为减少商人利润，实现百姓均平。《管子·轻重乙第八十一》中有"吾欲杀正商贾之利而益农夫之事"，本节中则称"寡人欲杀商贾之民以益四郊之民"。抗庄之谋用发展娱乐业的办法实现百姓均平，真可谓"缪术"

**原文：**

桓公曰："四郊之民贫，商贾之民富，寡人欲杀商贾之民以益四郊之民，为之奈何?"管子对曰："请以令决濩洛之水，通之抗庄之间。"桓公曰："诺。"行令未能一岁，而郊之民廓然益富，商贸之民廓然益贫。桓公召管子而问曰："此其故何也?"管子对曰："濩洛之水通之抗庄之间，则屠酤之汁肥流水，则蚊母巨雄、翡燕小鸟皆归之，宜昏饮，此水上之乐也。贾人蓄物而卖为雠，买为取，市未央毕，而委舍其守列，投蟁母巨雄。新冠五尺请挟弹怀丸游水上，弹翡燕小鸟，被于暮。故贱卖而贵买，四郊之民卖贱，何为不富哉?商贾之人，何为不贫乎?"桓公曰："善。"

**译文：**

桓公说："农民穷，商人富，我想削减商人财利以增补农民，该怎么办?"管仲回答："请下令疏通洼地积水，使它流进两条平行大街的中间。”桓公说：“可以。”行令不到一年，农民果然逐步富裕起来，商人果然逐步贫穷了。桓公召见管仲询问：“这是什么原因呢?”管仲回答：“疏通洼地的积水，使它流进两条大街中间，屠户和酒馆的油水就都流到水里来，蚊母鸟那样的大鸟和翡燕那样的小鸟全都飞集此处，宜于黄昏饮酒，这简直是一种水上的行乐。商人带着货物，销售则急于脱手，收购则急于买进，提早结束买卖，离开货摊，捕捉蚊母之类的大鸟去了。刚成年的青年，也都争先恐后地挟弹怀丸往来于水上，弹打翡翠、燕子一类小鸟，直到夜幕方休。因此就出现商人贱卖贵买的局面。农民则相应卖贵而买贱，怎能不富呢？商人又怎能不穷呢?”桓公说：“好。”

**古今案例分析：**

国民的生产和生活习惯的确会影响整体经济状况。

西汉时，匈奴为了摆脱对汉朝的经济依附，在宦者中行说的劝说下，匈奴将汉朝的缯絮做成衣裤，穿上后故意纵马于荆棘中弄破它，让人看到汉朝的缯絮不如匈奴的毛皮衣服；他们干脆将汉朝的食物直接扔掉，目的也是保持本民族的生活消费习惯，进而维护经济政治上的独立。《史记·匈奴列传》记载说：“初，匈奴好汉缯絮食物，中行说曰：‘匈奴人众不能当汉之一郡，然所以强者，以衣食异，无仰于汉也。今单于变俗好汉物，汉物不过什二，则匈奴尽归于汉矣。其得汉缯絮，以驰草棘中，衣袴皆裂敝，以示不如旃裘之完善也。得汉食物皆去之，以示不如湩酪之便美也。’”

**早在19世纪，德国经济学家李斯特**（Friedrich List）**在其名著《政治经济学的国民体系》中就曾指出，如果沿海公民对本民族工业产品心存蔑视心理，其结果将是灾难性的，甚至有政治分裂的危险！**所以，李斯特主张经济上处于相对弱势的国家保护自己的工业，培育自己的市场。因为国内市场的培养比向海外追求财富重要得多，国内工业上有了高度发展的国家，才能在国外贸易上有所发展。他写道：“这个学派（指以亚当·斯密为代表的自由经济学派——笔者注）对于市场的本质和特征，只是从世界主义观点而不是从政治观点来衡量的。欧洲大陆沿海国家，大多数处于伦敦、利物浦或曼彻斯特工业天然的市场范围之内；在自由贸易下，就大陆各国内地来说，只有极少数地方的工业产品能够在它们自己的口岸与英国工业品维持相等的价格。英国的工业资本比较雄厚，技术比较先进，有着较大的国内市场，可以在较大规模下，因此也就是较低成本下从事生产，海上运输费用也比较低廉，这就使英国工业居于比别的国家更有利的地位。后者要占有这种有利地位，只有对本国市场做长期不断的保护，积极改进内地交通设备，才能逐渐实现。但是沿海一带居民的市场，不论就国内或国外贸易来说，对于每一个国家都是至关重要的。如果在沿海一带市场占上风的是外国而不是本国工业，这个国家就不但在经济上而且在政治上是一个分裂的国家。这是确实的，如果一个国家其沿海一带的城市，风气所趋，同情于外国人胜过本国人时，不论从经济或政治方面来说，国家所处地位再没有比这个更危险的了。”①

笔者认为韩国人在某些方面值得我们学习。在一个商品和资本全球化时代，韩国人懂得市场和土地一样是不可交换的宝贵资源，爱国不仅是爱自己国家的领土，还要爱自己国家的产品，哪怕这种产品不是最好的。每个韩国人都自觉同民族工业基础有机联系起来——他们爱自己的文化，才有了“韩流”；他们爱自己的汽车，才有了现代；他们免除高科技人才的兵役，才有了游戏《传奇》……

韩国人信奉“身土不二”的消费原则，将市场与民族品牌结合在一起。在韩国国内，本国人用国货是一种基本的消费观。在韩国主要城市的大街上，找一辆非本国品牌汽车是件十分困难的事，尽管在首都的商业区你能同样发现奔驰、宝马、VOLVO 等世界一流品牌的汽车销售展示厅，但是在马路上能看到的进口车绝对寥若晨星。韩国汽车在国内市场上始终占有超过 95% 的份额，究其原因主要是韩国人的消费观念。他们从小接受的就是爱国和买国货的教育，认为买外国汽车是一种耻辱，会被人耻笑。

许多人不会忘记 1997 年韩美间的汽车大战。美国试图要求韩国政府采取“具有转折意义”的措施来改善韩国消费者对外国汽车的消费意识。但韩国以“从政府的角度努力有限”为由加以拒绝。这就是全球化时代的韩国人，他们因为有了独立的民族精神才有了强大的本国产业。

---

① 弗里德里希·李斯特：《政治经济学的国民体系》，商务印书馆，1961 年版，第 162～163 页。

2003年11月出版的《汽车导报》曾刊发了楼浩的《从韩国现象看中国汽车工业发展》一文，作者在参观了韩国现代汽车后写道："韩国国民对国货的拥戴令我们敬佩不已，一出机场，满目皆是现代汽车。现代对韩国经济的影响力也由此可见一斑。在韩国这个充满了现代标志的国家里，平均每4个人就有1辆车，而在汉城（2005年更名为首尔——笔者注），更是平均每2.5个人就有一辆车。在庞大的车流中，让我耿耿于怀的便是韩国国产汽车所拥有的绝对优势。现代汽车在韩国市场占有率为70%以上（包括起亚汽车在内），在汉城街头，我们看到的进口轿车可谓是屈指可数（日本车更是罕有）。"

我坚信，这个拥有千年古文明的民族正在飞快地成熟起来。他们终将懂得：**市场和领土一样不能与人！技术和主权一样不能换来！李斯特一百多年前的忠告似乎针对的是二十一世纪的中国——一个国家经济上的分裂是最危险的。**

## 十一、沐树之谋：节制娱乐业，发展生产

**经济学阐微：**

一个国家要想真正强大起来，必须有强大的实物经济做后盾，靠经济泡沫支撑的繁荣是最危险的。"沐树"就是把路旁树上的枝条剪去，以绝游息，使民归农以富国。

此计与前面抗庄之谋正好相反，抗庄之谋是发展娱乐业以损富者之有余，沐树之谋是减少娱乐以补"衣坏而鞋破"者之不

足。二者的原理基本相同，都是为达到百姓均平、社会和谐。《管子·轻重戊第八十四》中亦有此计，文句多有不同，而《管子·轻重戊第八十四》是讲对外经济权谋，沐树之谋出现在那里可能是后来混入。

**原文：**

桓公曰："五衢之民，衰然多衣弊而屦穿，寡人欲使帛、布、丝、纩之贾贱，为之有道乎？"管子曰："请以令沐途旁之树枝，使无尺寸之阴。"桓公曰："诺。"行令未能一岁，五衢之民皆多衣帛完屦。桓公召管子而问曰："此其何故也？"管子对曰："途旁之树未沐之时，五衢之民，男女相好往来之市者，罢市相睹树下，谈语终日不归。男女当壮，扶辇推舆，相睹树下，戏笑超距，终日不归。父兄相睹树下，论议玄语，终日不归。是以田不发，五谷不播，桑麻不种，茧缕不治。内严一家而三不归，则帛、布、丝、纩之贾安得不贵？"桓公曰："善。"

**译文：**

桓公说："五方百姓太穷，多是衣坏而鞋破，我想使帛、布、丝、絮的价钱贱下来，有办法吗？"管仲说："请下令把路旁树枝剪去，使它没有尺寸的树荫。"桓公说："可以。"行令不到一年，百姓多数是身穿帛衣而鞋子完好。桓公召见管仲询问说："这是什么原因？"管仲回答："当路旁树枝未剪时，五方百姓中，男女相好往来赶集的人们，散市后相会于树荫之下，闲谈而终日不归。壮年男女推车的，相会于树荫之下，游戏舞蹈终日不归。父老兄弟相会于树荫之下，议论玄虚终日不归。因此造成土地不开发，五谷不播种，桑麻不种植，丝线也无人纺织。从内部看，一个家庭就有此“三个不归”的情况，帛、布、丝、絮的价钱怎能不贵呢？”桓公说：“讲得好。”

**古今案例分析：**

《管子》的作者清楚，只有发展商品生产，物价才会真正降下来。沐树之谋是通过减少娱乐的巧计让人们从事生产。在近代社会，人们大量失业，生产链条崩溃常常是因为自然灾害、战争或经济体制本身的原因。

最早论述通过人为扩大需求，增加就业机会，以工代赈的当属《管子·乘马数第六十九》：“如果遇上大旱大水的灾年，百姓无法务农，则修建宫室台榭，雇用那些养不起猪狗的穷人以做工为生。所以，修建宫室台榭，不是为观赏之乐，而是为了求得经济平衡发展的一项国策。”（原文：若岁凶旱水泆，民失本，则修宫室台榭，以前无狗后无彘者为庸。故修宫室台榭，非丽其乐也，以平国策也。）

以工代赈的前提是国家有足够的物资储备，而现代凯恩斯主义则以充分就业为目标来制定财政预算，不管是否有赤字。这导致今天美国政府对赤字的过度依赖。

**英国古典政治经济学的创始人威廉·配第（William Petty，1623～1687年）提出过“粉刷凯旋门”增加就业的主张。现代史上**

**是最成功、最宏大的以工代赈计划发生在罗斯福新政期间，它不仅拯救了美国经济，也拯救了美国人的灵魂——劳动会给人自信心！**

新政期间，美国设有名目繁多的工赈机关，首先是以从事长期工程计划为主的公共工程署（政府先后拨额 40 多亿美元）和民用工程署（投资近 10 亿美元），后者在全国范围内兴建了 18 万个小型工程项目，包括校舍、桥梁、堤坎、下水道系统及邮局和行政机关等公共建筑物，先后吸引了 400 万人工作，为广大非熟练失业工人找到了用武之地。后来又继续建立了几个新的工赈机构。其中最著名的是国会拨款 50 亿美元兴办的工程兴办署和专门针对青年人的全国青年总署，二者雇佣人员达 2300 万，占全国劳动力的一半以上。到“二战”前夕，联邦政府支出的种种工程费用及数目较小的直接救济费用达 180 亿美元，美国政府借此修筑了近 1000 座飞机场、12000 多个运动场、800 多座校舍与医院，不仅为工匠、非熟练工人和建筑业创造了就业机会，还给成千上万的失业艺术家提供了形形色色的工作。

罗斯福新政以工代赈的另一项重要措施是民间资源保护队计划。该计划专门吸收年龄在 18 ~ 25 岁，身强力壮而失业率偏高的青年人，从事植树护林、防治水患、水土保持等工作。第一批招募了 25 万人，在遍及各州的 1500 个营地劳动。到美国参与第二次世界大战前，先后有 200 多万青年在这个机构中工作过，他们开辟了 740 多万英亩国有林区和大量国有公园。平均每人每期干 9 个月，工资中拿出绝大部分做赡家费，这样在整个社会扩大了救济面，增加了购买力。民间资源保护队在美国现代历史上占有非常重要的地位，它不仅一定程度上缓解了美国当时所面临的环境危机和社会危机，还扩展了资源保护运动的范围和群众基础，为战后美国的环境运动埋下了伏笔。

抗日战争时期，在国民党统治区和共产党领导的抗日根据地开展的工合运动，可以说是一种战争条件下的以工代赈。1937 年“八一三”淞沪抗战爆发后，新西兰友人路易·艾黎和美国进步记者埃德加·斯诺目睹日本侵略军对上海进行疯狂的掠夺和野蛮的破坏，决心建立一种可以把迅速的建设和生产、难民的救济、劳工的训练与军事动员，民主政治的经济基础，保卫游击区的反抗封锁，与反抗日货经济侵略，合在一起的工业合作社。

这一设想得到宋庆龄女士的支持。1938 年 8 月 5 日，中国工业合作协会在武汉宣告成立。8 月 24 日，中国工合的第一个合作社宝鸡打铁社正式成立。为了争取捐款，宋庆龄多次写信要求国际友人支援中国工合事业。1939 年 5 月 1 日，她在一封信中呼吁他们：“支援中国工业合作协会，这种工业合作运动不仅重建着被破坏得支离破碎的中国工业，使千万个沦为难民的工人有了工作和恢复自尊心，并为中国的经济民主开辟了一条新的道路。”

工合运动有力地支持了抗战事业，据不完全统计，到 1942 年 6 月，工业合作社的分布情况为：西北区共建立 325 个合作社，4019 名社员；西南区 246 个合作社，3485 名社员；东南区 433 个合作社，5395 名社员；川康区 247 个合作社，4800 名社员；云贵区 158 个合作社，2497 名社员；浙皖区 68 个合作社，874 名社员；晋豫区 118 个合作社，1610 名社员。七个区共计 1595 个合作社，

22680 名社员，整个工合每月生产总值达 24022944 元（法币）。

一时之间，工合运动赢得了“经济国防线”的美誉。

## 十二、囷京之谋：让百姓储备的妙计

**经济学阐微：**

齐桓公时代，各个诸侯国间的经济已经融为一体，所以桓公担心粮价过低会导致谷物大量外流，即《乘马数第六十九》上所说的“物轻则见泄”。在商品和资本全球化的今天，我们更要注意这一点。

囷（音 qūn），本义为一种圆形的谷仓，大囷曰京。京囷连文，乃汉代人常用语，粮仓之意。本来建立粮仓、收藏粮食是老百姓分内之事，国家为了要人民积极储备粮食，给那些新建谷仓的人以奖励，这种顺民心，“从天下民之利”的政策当然容易得到人民的拥护和响应。《管子·形势解第六十四》所谓：“凡人者，莫不欲利而恶害。是故与天下同利者，天下持之。”

**原文：**

桓公曰：“粜贱，寡人恐五谷之归于诸侯，寡人欲为百姓万民藏之，为此有道乎?”管子曰：“今者夷吾过市，有新成囷京者二家，君请式璧而聘之。”恒公曰：“诺。”行令半岁，万民闻之，舍其作业而为囷京以藏菽粟五谷者过半。桓公问管于曰：“此其何故也?”管子曰：“成囷京者二家，君式璧而聘之，名显于国中，国中莫不闻。

是民上则无功显名于百姓也，功立而名成；下则实其囷京，上以给上为君。一举而名实俱在也，民何不为也？”

**译文：**

桓公说：“粮价贱，我怕粮食外流到其他诸侯国去，我要使百姓储备粮食，有办法吗？”管仲说：“今天我路过市区，看到有两家新建了粮仓，请君上分别送上玉璧礼问之。”桓公说：“可以。”行令半年，万民听说以后，有半数以上的人家都放弃了日常事务而建仓存粮。桓公问管仲说；“这是什么原因呢？”管仲说：“新建粮仓的两户人家，君上分别送上玉璧礼问之，名扬国中，国中无人不知。这两家对国君并无功劳而扬名全国，一下子功立名成；对个人又存了粮食，也可以交纳国家。一举而名实兼得，人们何乐而不为呢？”

**古今案例分析：**

在经济生活中，榜样的力量会有时会突显出来。

战国的尹文子认为，官员，特别是国家领袖对社会的示范作用特别重要，会影响到一个社会的生产、生活方式。《尹文子·大道上》中说：“对风俗习惯的作用不可不慎重对待，对物质的修治作用不可不认真加以选择。从前齐桓公喜欢穿紫色的衣服，结果齐国境内就没人卖其他颜色的绸布。楚庄王喜欢细腰的人，结果楚国境内的人都面带饥色。处在上位的人提倡什么，是国家得到大治、大乱的根本原因。”（原文：故所齐不可不慎，所饰不可不择。昔齐桓好衣紫，阖境不鬻异采；楚庄爱细腰，一国皆有饥色。上之所以率下，乃治乱之所由也。）

《管子》主张，有某种场合下，甚至有必要提倡奢侈消费。这样做不是为奢侈而奢侈，而是为了增加穷人的就业机会，实现百姓均平。《管子·侈靡第三十五》中大胆提出商业这类末业是本业农业基础的观点，上面说："贱有实，敬无用，则人可刑（通型，有管理之意——笔者注）也。故贱粟米而敬珠玉，好礼乐而贱事业，本之始也。"

历史上较完整贯彻管子侈靡理论的当属北宋政治家范仲淹。他在担任杭州知州期间，当地发生严重灾荒，穷人生活陷入绝境。范仲淹整日在湖上宴饮作乐，鼓励百姓举行划船比赛，甚至亲自劝说寺院大兴土木。结果在当年受灾的广大地区，只有范仲淹实施侈靡赈灾政策的杭州社会秩序良好，没有发生饥民流徙现象。据沈括《梦溪笔谈》记载：宋朝皇佑二年，吴州一带闹大饥荒，当时范仲淹治理浙西，下令散发米粮赈灾，并鼓励百姓储备粮食，救荒的措施非常完备。吴州民俗喜好赛舟，并笃信佛教。范仲淹就鼓励百姓举行划船比赛，自己也日日在湖上宴饮。从春至夏，当地的百姓几乎天天都扶老携幼在湖边争看赛船。

另外，范仲淹又召集各佛寺住持，对他们说："饥岁荒年工钱最低廉，正是寺院大兴土木的好时机。"于是各寺庙无不招募工人大肆兴建。范仲淹又招募工人兴建官家谷仓及吏卒官舍，每天募集的工人多达一千人。掌监察的官员，认为范仲淹不体恤荒年财政困难，竟鼓励百姓划船竞赛，寺院大兴土木，既劳民又伤财，所以上奏弹劾范仲淹。范仲淹上奏说："臣所以鼓励百姓宴游湖上，寺院、官府大兴土木，其用意正是借有余钱可花的百姓，嘉惠贫苦无依的贫民，各种依靠出卖劳力生活的百姓，能依赖官府与民间所提供的工作机会生活，每天不少于万人。荒年的政治措施，没有比这个更重要的了。”

反之，经济生活中不好的典范有时也会带来灾难。据西方史书上记载，一次，古罗马的凯撒大帝身穿中国丝袍去看戏，其华丽轰动了整个剧场，在场大臣翘首观望，赞叹不已，以至无心看戏，结果中国丝绸一时风靡整个西方世界。罗马博物学家老普林尼（Gaius Plinius Secundus，公元 23 ~ 79 年）在《博物志》中说，当时，丝绸成为罗马人狂热追求的对象。古罗马市场上丝绸的价格曾上扬至每磅 12 两黄金的天价，造成帝国黄金大量外流，迫使元老院制定法令禁止人们穿着丝衣，理由除了贸易赤字，还认为丝绸制成的衣服有伤风化。

但罗马元老院的法令几乎毫无作用。老普林尼认为是罗马进口中国丝绸等制成品逆差过大，导致黄金持续外流，造成了国内经济危机。

## 十三、三原之谋：扼住经济的咽喉原材料

**经济学阐微：**

谁掌握了基础原材料，谁会扼住了经济的咽喉。这里的“源究”指富国须先从原材料上着手。《管子・山国轨第七十四》：“国轨，布于未形，据其已成。”《管子・山权数第七十五》：“动

于未形，而守事已成。”皆有此意。

前些年，因为铁矿石由日韩大公司定价，价格疯涨，钢铁业严重受制于人，就是中国不讲轻重之术的结果。本计对轻重之术的概论值得细细品味：“善为国者守其国之财，汤（荡）之以高下，注之以徐疾，一可以为百。未尝籍求于民，而使用若河海，终则有始。此谓守物而御天下也。”

**原文：**

管子问于桓公：“敢问齐方于几何里?”桓公曰：“方五百里。”管子曰：“阴雍长城之地，其于齐国三分之一，非谷之所生也。海庄、龙夏，其于齐国四分之一也。朝夕外之，所墆齐地者五分之一，非谷之所生也。然则吾非托食之主耶?”桓公遽然起曰：“然则为之奈何?”管子对曰：“动之以言，溃之以辞，可以为国基。且君币籍而务，则贾人独操国趣；君谷籍而务，则农人独操国固。君动言操辞，左右之流君独因之，物之始吾已见之矣，物之终吾已见之矣，物之贾吾已见之矣。”管子曰：“长城之阳，鲁也；长城之阴，齐也。三败杀君二重臣定社稷者，吾此皆以孤突之地封者也。故山地者山也，水地者泽也，薪刍之所生者斥也。”公曰：“托食之主及吾地亦有道乎?”管子对曰：“守其三原。”公曰：“何谓三原?”管子对曰：“君守布则籍于麻，十倍其贾，布五十倍其贾。此数也。君以织籍，籍于糸（丝）。未为糸籍糸，抚织，再十倍其价。如此，则去五谷之籍。是故籍于布则抚之糸，籍于谷则抚之山，籍于六畜则抚之术。籍于物之终始而善御以言。”公曰：“善。”管子曰：“布五十倍其贾，公以重布决诸侯贾，如此而有二十齐之故。善为国者守其国之财，汤（荡）之以高下，注之以徐疾，一可以为百。未尝籍求于民，而使用若河海，终则有始。此谓守物而御天下也。”公曰：“然则无可以为有乎？贫可以为富乎？”管子对曰：“物之生未有刑，而王霸立其功焉。是故以人求人，则人重矣；以数求物，则物重矣。”公曰：“此若言何谓也？”管子对曰：“举国而一则无赀，举国而十则有百。然则吾将以徐疾御之，若左之授右，若右之授左，是以外内不踡，终身无咎。王霸之不求于人而求之终始，四时之高下，令之徐疾而已矣。源泉有竭，鬼神有歇，守物之终始，终身不竭。此谓源究。”

**译文：**

管仲问桓公：“齐国的国土有多少里？”桓公：“方五百里。”管仲说：“平阴堤防及长城占地，有齐地三分之一，不是产粮的地方。海庄、龙夏一带的山地，有四分之一。海潮围绕、海水淹滞的土地，有五分之一，也不是产粮的地方。那么，我们还不是一个寄食于别国的君主吗？”桓公惶恐地站起来说：“该怎么办？”管仲回答：“掌握调节经济的号令，可以作为国家的基础。君上若专务征收货币，富商就会操纵金融；若专务征收粮食，地主就会操纵粮食。但君上依靠号令，政府掌握左右四方的商品流通，那么，商品的生产我们就早已了解，商品的消费我们也早已了解，从而商品的价格我们也就了如指掌。”

管仲接着说：“长城以南是鲁国，长城以北是齐国。在过去两国的不断冲突中，还要把交界上孤立突出的地盘让给鲁国。所以齐国山地还依旧是山，水地还依旧是水，满是生长着柴草的土地而已。”桓公说：“一个是解决‘寄食之主’的问题，一个是土地被削问题，对此还有什么办法吗?”管仲回答：“要掌握三个来源。”桓公说：“何谓三个来源?”管仲回答：“掌握成品布先在原料麻上取收入，麻价十倍，布价就可能五十倍，这是理财之法。在丝织品上取收入，就要先在细丝上着手。甚至在细丝未成之前就谋取，再去抓丝织成品，就可以得到原价二十倍的收入。这样，就不必征收粮食税了。因此，在布上取收入就着手于原料麻，在粮食上取收入就着手于养桑蚕的山，在六畜上取收入就着手养殖六畜的郊野。取得收入于财物生产的开始阶段，再加上善于运用号令就行了。”桓公说：“好。”

管子说：“如果在布价上取得的收入达到五十倍，君上以贵价之布出口，减去同外国交换的商品价格，这样，还比从前齐国的收入增加二十倍。善治国者，掌握本国的财物，用物价高低来刺激，用号令缓急来调节，就可以做到以一变百。他并没有向人民求索，而用财如取之大河大海，终而复始地供应不绝。这就叫作掌握物资而驾驭天下了。”桓公说：“那么，没有可以变化为有吗?贫穷可以变化为富吗?”管仲回答：“在物资尚未生产成形的时候，王霸之君就应当展开工作了。所以，向人们直接收税，人的抵制就成为重要问题；应用轻重之术从物价上收税，物的价格便成为重要问题了。”桓公说：“这话应如何解释?”管子回答：“全国的物价若完全一致，则没有财物可图；举国的物价若相差为十，则将有百倍盈利。那样，我们将运用号令缓急来加以驾驭，如左手转到右手，右手再转到左手，外内没有局限，终身没有大的过错。王霸之君，就是不直接求索于人，而求索于物资生产的最开始阶段，掌握好四时物价的高低与号令缓急就是了。泉源有枯竭的时候，鬼神有停歇的时候，唯有‘守物之终始’的事业，是终身用之不尽的。这叫作追究物资的本源。”

从2000年开始，我国铁矿石进口每年以20%以上的幅度增长。据统计，2002年我国进口铁矿石1.15亿吨，接近当时最大的铁矿石进口国日本。2003年达到1.48亿吨，超过日本成为世界第一，占全球铁矿石海运量的27%左右。

2005年，铁矿石价格上涨了71.5%；2006年，铁矿石价格涨了19%；2007年，铁矿石价格涨了9.5%；2008年，铁矿石价格再次暴涨65%。这些教训太值得我们沉思了！

《管子·海王第七十二》认为，如果本国没有的资源，可以利用别国的资源，总之国家一定要牢牢控制战略资源。

日本人正是这样做的。过去几十年来，日本购买了大量中国稀土、煤炭等工业原材料，并将之储备起来。有统计显示，日本稀土大约83%来自中国。在获得大量稀土后，日本将这些足够使用20年的资源贮存在海底，以便牢牢控制原料的供给。

日本还在世界各地参与石油、天然气、金属矿产等上游能源的开发。2006年5月29日，日本经济产业省公布了《新国家能源战略》报告，对日本的能源战略做了重要调整。报告称，今后日本在能源、资源的保障方面要更加积极，来源也要更加多元化。争取到2030年，把原油自主开发比例由目前的15%提高到40%。战略报告同时强调，日本要在与中国、印度的能源竞争中处于主导地位。

作为一个资源极度紧缺的岛国，日本懂得三原之谋的重要意义。

# 第九章 《管子·轻重戊第八十四》五计

**经济学阐微：**

当今世界最显著的事实是，地球村还没有实现政治统一。所谓的国际自由贸易在人类历史上并没有真正施行过，“贸易跟着国旗走”最恰当地描述了过去五百年来世界贸易的现实。

历史上大英帝国和今天的美国都不是靠自由贸易崛起的，是靠不平等的贸易保护政策。1814 年，印度对从英国进口的棉丝织品的关税仅为 3.5%，而向英国出口棉织品的关税则高达 70% ~ 80%。直到 1900 年左右，英国的平均进口关税率才降到约 5%；而 1860 年左右，这个数字仍高达 15%。

因此决策者不能拿着教科书，迷信自由贸易，必须重视经济领域的斗争，并努力像管仲一样通过经济为手段做到不战而屈人之兵。需要指出的是，即使天下统一，中国古典经济理论也反对自由放任的市场经济，主张国家调节财富的流向，避免有产阶级垄断公共权力及世界市场。

《管子·乘马数第六十九》管仲回答齐桓公如何实现“王国持流”，成王业的统一国家控制国内市场时说：“有一人种田而粮食可供五人食用的，有一人种田而粮食可供四人食用的，有一人种田而粮食可供三人食用的，有一人种田而粮食只够两人食用的。他们都花费同样的劳力，但产量不同。农业生产与物价政策相辅而行，国家理财政策就能及时控制社会均平。如果君上不控制市场流通，富民商人就会在下面控制，这样，国家的理财政策就落空了。”（原文：有一人耕而五人食者，有一人耕而四人食者，有一人耕而三人食者，有一人耕而二人食者。此齐力而功地。田策相圆，此国策之时守也。君不守以策，则民且守于下，此国策流已。）

从整体上说，保存在《管子·轻重戊第八十四》中的这些经济战计谋大体是通过让敌国发挥某种产业优势，诱其放弃基础产业（管仲时代主要指农业），使其产业结构弱化、产业空壳化。等到时机一成熟，就通过禁运手段强迫对方屈服。马非百先生认为，这些经济战术“均是以轻重之策灭亡人国之具体说教，而其中心思想，则只是一个阴谋，即运用‘天下下我高’之原则，将某种外国特产之国内价格提高到比出产国更高之办法，使其变成单一经济之殖民地或半殖民地而已”。①

依附型经济导致的灾难性后果值得我们警惕！

《管子·轻重戊第八十四》中经济战策思想核心一致，所以我们不再一一进行经济学阐微。不过它们的实现形式却变化多端：有的一国独战即可，有的需要诱使各国参与，有的花费巨大，有的则不费一文。这些计谋依次是：制鲁梁之谋，制莱莒之

① 马非百：《管子轻重篇新诠》，中华书局，1979 年版，第 702 页。

谋，制楚国之谋，制代国之谋，制衡山之谋。兹详述如下：

## 一、制鲁梁之谋：一场经济总体战

**原文：**

桓公曰："鲁梁之于齐也，千谷也，蜂螫也，齿之有唇也。今吾欲下鲁梁，何行而可？"管子对曰："鲁梁之民俗为绨。公服绨，令左右服之，民从而服之。公因令齐勿敢为，必仰于鲁梁，则是鲁梁释其农事而作绨矣。"桓公曰："诺。"即为服于泰山之阳，十日而服之。管子告鲁梁之贾人曰："子为我致绨千匹，赐子金三百斤；什至而金三千斤。"则是鲁梁不赋于民，财用足也。鲁梁之君闻之，则教其民为绨。十三月，而管子令人之鲁梁，鲁梁郭中之民道路扬尘，十步不相见，曳繑而踵相随，车毂齺，骑连伍而行。管子曰："鲁梁可下矣。"公曰："奈何？"管子对曰："公宜服帛，率民去绨。闭关，毋与鲁梁通使。"公曰："诺。"后十月，管子令人之鲁梁，鲁梁之民饿馁相及，应声之正无以给上。鲁梁之君即令其民去绨修农。谷不可以三月而得，鲁梁之人籴十百，齐粜十钱。二十四月，鲁梁之民归齐者十分之六。三年，鲁梁之君请服。

**译文：**

桓公说："鲁国、梁国对于我们齐国，就像田边上的庄稼，蜂身上的尾螫，牙齿外的嘴唇一样。现在我想攻占鲁梁两国，怎么做？"管仲回答："鲁、梁两国的百姓，从来以织绨为业。您就带头穿绨做的衣服，令左右近臣也穿，百姓也就会跟着穿。您还要下令齐国不准织绨，必须仰给于鲁、梁二国。这样，鲁、梁二国就将放弃农业而去织绨了。”桓公说：“可以。”就在泰山之南做起绨服。十天做好就穿上了。管仲还对鲁、梁二国的商人说：“你们给我贩来绨一千匹，我给你们三百斤金；贩来万匹，给三千斤。”这样，鲁、梁二国即使不向百姓征税，财用也充足了。鲁、梁国君听到这个消息，就要求百姓织绨。十三个月以后，管仲派人到鲁、梁探听。两国城市人口之多使路上尘土飞扬，十步内都互相看不清楚，走路拖着鞋不能举步，坐车的车轮相碰，骑马列队而行。管仲说：“可以拿下鲁、梁了。”桓公说：“怎么办?”管仲回答：“您应当改穿帛料衣服。带领百姓不再穿绨。还要封闭关卡，与鲁、梁断绝经济往来。”桓公说：“可以。”十个月后，管仲又派人探听，看到鲁梁的百姓在不断陷于饥饿，连朝廷‘一说即得’的正常赋税都交不起。两国国君命令百姓停止织绨而务农，但粮食却不能在三个月内就生产出来，鲁、梁百姓买粮每石要花上千钱，齐国粮价才每石十钱。两年后，鲁、梁的百姓有十分之六投奔了齐国。三年后，鲁、梁的国君也都归顺齐国了。

**古今案例分析：**

经济战同真刀真枪的战争一样，本质极为残酷，可谓无所不用其极。齐桓公为了征服鲁、梁，亲自上场，带头穿起了绨做的衣服，后又带头不再穿绨做的衣服，改穿帛料衣服。

公元581年，杨坚夺取北周政权，建立隋朝。为了平定南朝的陈氏政权，他听从高颎的建议，每逢江南将要收割庄稼的季节，就在两国边界上集结人马，扬言要进攻陈朝，使得南陈的百姓没法收割。等南陈把人马集中起来，准备抵抗隋兵，隋兵又不进攻了。这样一连几年，南陈的农业生产受了很大影响，守军士气也松懈下来。隋兵还经常派出小股人马袭击陈军粮仓，放火烧粮食，使陈朝在经济上疲敝不堪。最后终于在589年正月灭陈。

## 二、制莱莒之谋：弃农足以亡国

**原文：**

桓公问于管子曰："莱、莒与柴田相并，为之奈何？"管子对曰："莱、莒之山生柴，君其率白徒之卒铸庄山之金以为币，重莱之柴贾。"莱君闻之，告左右曰："金币者，人之所重也。柴者，吾国之奇出也。以吾国之奇出，尽齐之重宝，则齐可并也。"莱即释其耕农而治柴。管子即令隰朋反农。二年，桓公止柴。莱、莒之籴三百七十，齐粜十钱，莱、莒之民降齐者十分之七。二十八月，莱、莒之君请服。

**译文：**

桓公问管仲说："莱、莒两国砍柴与农业同时并举，如何对付他们？"管仲回答："莱、莒两国的山上盛产柴薪，您可率新征士兵炼庄山之铜铸币，提高莱国的柴薪价格。"莱国国君得知此事后，对左右近臣说；"钱币，是谁都重视的。柴薪既是我国的特产，用我国特产换尽齐国的钱币，就可以吞并齐国。”莱国随即弃农业而专事打柴。管仲则命令隰朋撤回士兵种地。过了两年，桓公停止购柴。莱、莒的粮价高达每石三百七十钱，齐国的食价才每石十钱，莱、莒的百姓十分之七投降齐国。二十八个月后，莱、莒国君也都请降了。

## 三、制楚国之谋："饥饿战役"降服楚国

**原文：**

桓公问于管子曰："楚者，山东之强国也，其人民习战斗之道。举兵伐之，恐力不能过。兵弊于楚，功不成于周，为之奈何?"管子对曰："即以战斗之道与之矣。"公曰："何谓也?"管子对曰："公贵买其鹿。"桓公即为百里之城，使人之楚买生鹿。楚生鹿当一而八万。管子即令桓公与民通轻重，藏谷什之六。令左司马伯公将白徒而铸钱于庄山，令中大夫王邑载钱二千万，求生鹿于楚。楚王闻之，告其相曰："彼金钱，人之所重也，国之所以存，明王之所以赏有功。禽兽者群害也，明王之所弃逐也。今齐以其重宝贵买吾群害，则是楚之福也，天且以齐私楚也。子告吾民急求生鹿，以尽齐之宝。"楚人即释其耕农而田鹿。管子告楚之贾人曰："子为我致生鹿二十，赐子金百斤。什至而金千斤也。"则是楚不赋于民而财用足也。楚之男于居外，女子居涂。隰朋教民藏粟五倍，楚以生鹿藏钱五倍。管子曰："楚可下矣。"公曰："奈何?"管子对曰："楚钱五倍，其君且自得而修谷。钱五倍，是楚强也。"桓公曰："诺。"因令人闭关，不与楚通使。楚王果自得而修谷，谷不可三月而得也，楚籴四百，齐因

令人载粟处芊之南，楚人降齐者十分之四。三年而楚服。

**译文：**

桓公问管仲说："楚，是山东的强国，其人民习于战斗之道。出兵攻伐它，恐怕实力不能取胜。兵败于楚国，又不能为周天子立功，为之奈何?"管仲回答："就用战斗的方法来对付它。"桓公说："怎么讲?"管仲回答："您可用高价收购楚国的生鹿。"桓公便营建了百里鹿苑，派人到楚国购买生鹿。楚国的鹿价是一头八万钱。管仲先让桓公通过民间买卖贮藏了国内粮食的十分之六。其次，派左司马伯公率民夫到庄山铸币，然后派中大夫王邑带上二千万钱到楚国收购生鹿。

楚王得知后，对丞相说："钱币是谁都重视的，国家靠它维持，明主靠它赏赐功臣。禽兽，不过是一群害物，是明君所不肯要的。现在齐国用贵宝高价收买我们的害兽，真是楚国的福分，上天简直是把齐国送给楚国了。请您通告百姓尽快猎取生鹿，换取齐国的全部财宝。"楚国百姓便都放弃农业而从事猎鹿。管仲还对楚国商人说："您给我贩来生鹿二十头，就给您黄金百斤；贩来十倍此数的鹿，则给您黄金千斤。"这样楚国即使不向百姓征税，财用也充足了。楚国的男人为猎鹿而住在野外，妇女为猎鹿而住在路上。后来隰朋让齐国百姓藏粮增加五倍，楚国则卖出生鹿存钱增加五倍。管仲说："这回可以取楚国了。"桓公说："怎么办?"管仲回答："楚存钱增加五倍，楚王将以自得的心情经营农业，因为钱增五倍，表面看来楚国很强大。"桓公说："不错。”于是派人封闭关卡，不再与楚国通使。楚王果然以自鸣得意的心情经营农业，但粮食不是三个月内就能生产出来的，楚国粮价高达每石四百钱。齐国便派人运粮到芊地的南部去卖，楚人投降齐国的有十分之四。经过三年时间，楚国就降服了。

**古今案例分析：**

美国前国务卿亨利·基辛格曾告诫世人：“你控制了石油，就控制了所有国家；控制了粮食，就控制了人类。”

粮食是最基础的战略物资，古今中外，有无数利用粮食使他国屈服的案例。著名的包括“二战”后期美国对日本的“饥饿战役”，它是美军参谋长联席会议授权太平洋战区总司令尼米兹上将主持制定的水雷封锁日本本土的计划。

日本是个岛国，工业发达但资源贫乏。根据日本大量的石油、煤炭、铁矿石、粮食等都依靠进口的弱点，美军制定了一个“饥饿战役”。这个计划从 1945 年 3 月 27 日开始实施，很快造成日本近海海域无法通航，重要港口不能进出，切断了日本与外界的航运。日本急需的石油、煤炭和粮食等战略物资严重短缺，很多船只和飞机因得不到燃料而停航、停飞，军工厂关闭，造船厂停工，粮食供应日趋紧张，国民陷入一片饥饿之中，整个国家濒于瘫痪状态。

“饥饿战役”历时四个半月。美军出动 B—29 轰炸机 1528 架次，布雷 12053 枚，其中磁性水雷 4900 枚、音响水雷 3500 枚、水压水雷 2900 枚、低频音响水雷 700 枚（美国海军出动的飞机及其布设的水雷未计在内）。所布水雷共炸沉炸伤包括“海鹰”

号航母等65艘军舰在内的670余艘船只，其中炸沉和重创无法修复的达431艘，总吨位140余万吨，相当于战役开始时日本船舶总吨位的75%。美军布雷效果非常显著，平均每布21枚水雷就炸沉日本船只1艘，而美军损失极其轻微，仅损失飞机15架。

“饥饿战役”最终实现了全面彻底封锁日本海上交通线的战役企图，水雷这一古老兵器与战略轰炸相结合，大大加快了日本帝国的败亡。1945年8月比1945年3月，下关海峡运输量下降98%，几乎完全中断。在这4个多月中进口物资下降90%，维持战争所急需的石油、煤炭、粮食等战略物资供应近乎中断，军工企业由于原料断绝，纷纷停产或关闭，日军大批飞机、舰艇由于燃料极度缺乏而被迫停飞、停航，直接影响了部队的战斗力。由于航运中断，250万吨大米堆积在朝鲜港口，而日本国内的粮食供应却极其困难。广大平民粮食配给降至最低限度，食不果腹，终日在饥饿线上苦苦挣扎——日本帝国的末日来临了！

现代战争中，包括粮食在内的禁运措施会带来灾难性结果，但有时战略效果并不明显，这是我们必须重视的。以1990年8月至2003年5月，联合国对伊拉克长达13年的经济制裁为例。

首先，长期的营养不良使伊拉克人的健康状况不断恶化，加上缺医少药、卫生条件得不到改善及饮用水受到污染等因素，伊境内许多地区疾病流行。1999年，安理会派遣一个专家小组负责研究经济制裁对伊拉克的人道主义影响问题，该专家小组于同年向安理会提交的一份报告指出：经济制裁使伊拉克成为世界儿童死亡率最高的国家之一。伊拉克有23%的新生儿存在体重过轻问题，5 岁以下的伊拉克儿童有四分之一严重慢性营养不良。1999 年联合国儿童基金会的调查报告公布了一个令人震惊的事实：伊拉克新生儿的死亡率在 1984 年为 4.7%，到 1994 年则上升为 10.8%。另据伊拉克卫生部门统计，1999 年 10 月死于腹泻、肺炎、呼吸道疾病和营养不良的 5 岁以下儿童共有 6122 人，而在制裁前的 1989 年同期，死于上述疾病的儿童只有 272 人；1999 年 10 月死于心脏病、高血压、糖尿病和恶性肿瘤的中老年人达 2918 人，而在 1989 年 11 月份仅有 391 人死于上述疾病。伊拉克卫生部门统计数字还显示，仅 2002 年 1 月至 7 月，伊拉克死亡的人数就达 10.3 万，其中 4.63 万为不足 5 周岁的儿童。

由于联合国全面的经济制裁给伊拉克平民带来极大的人道主义灾难，时任联合国秘书长的安南在 2000 年国际和平学会组织的一次会议上沉痛地指出："十年制裁不但存在效率问题，还使伊拉克的无辜平民成为被制裁国政府和国际社会的牺牲品。"

《吕氏春秋·审分览·执一》主张天下一统，"一则治，两则乱"的观点是正确的，主权分立的世界不是正常的人类政治状态。因为政权争雄必然迫使各个国家将大量资源用于互相屠杀，同时引发激烈而残酷的经济战。

## 四、制代国之谋：不费一文降服一国

**原文：**

桓公问于管子曰："代国之出，何有？"管子对曰："代之出，狐白之皮，公其贵买之。”管子曰：“狐白应阴阳之变，六月而壹见。公贵买之，代人忘其难得，喜其贵买，必相率而求之。则是齐金钱不必出，代民必去其本而居山林之中。离枝闻之，必侵其北。离枝侵其北，代必归于齐。公因令齐载金钱而往。”桓公曰，“诺。”即令中大夫王师北将人徒载金钱之代谷之上，求狐白之皮。代王闻之，即告其相曰：“代之所以弱于离枝者，以无金钱也。今齐乃以金钱求狐白之皮，是代之福也。子急令民求狐白之皮以致齐之币，寡人将以来离枝之民。”代人果去其本，处山林之中，求狐白之皮。二十四月而不得一。离枝闻之，则侵其北。代王闻之，大恐，则将其士卒葆于代谷之上。离枝遂侵其北，王即将其士卒愿以下齐。齐未亡一钱币，修使三年而代服。

**译文：**

桓公问管仲说：“代国有什么出产?”管仲回答：“代国的出产，有一种狐白（狐腋白毛）的皮张，您可用高价去收购。”管仲又说;“狐白随寒暑变化，六个月才出现一次。您以高价收购，代国人忘其难得，喜其高价，一定会纷纷猎取。这样，齐国还没有真正出钱，代国百姓就会放弃农业，进入深山猎狐。离枝国听到消息，必然入侵代国北部，离枝侵其北，代国必将归降于齐国。您派人带钱去收购好了。”桓公说：“可以。”便派中大夫王师北带人拿着钱到代谷地区，收购狐白的皮张。代王听到后对宰相说：“代国之所以比离枝国弱，就是因为无钱。现在齐国收购狐白是代国的福气。您火速命令百姓搞到此皮，以换取齐国钱币，我将用这笔钱招来离枝国的百姓。”代国人果然因此放下农业，走进山林，搜求狐白的皮张。但时过两年也没有凑成一张，离枝国听到以后，就侵入代国的北部。代王知道后，大为恐慌，率领士卒保卫代谷地区。离枝侵占了代国北部领土，代王只好率领土兵自愿归服齐国。齐国没花去一个钱，仅仅派使臣交往三年，代国就降服了。

**古今案例分析：**

代国因追求“狐白之皮”而亡，苏联因盲目地与美国军事竞赛加速了其解体。

美国人崇拜自己的英雄。2004 年 6 月 11 日，整个美国都笼罩在巨大的悲痛之中，人们在怀念六天前以 93 岁高龄辞逝的美国前总统里根。正是这位以老迈之年进入白宫的总统在其任期内将苏联搞垮。当天，里根的遗体在细雨中由国会大厦运抵华盛顿国家大教堂。美国总统布什及 4 位仍在世的美国前总统等约 4000 人出席了国葬仪式。来宾中还包括原苏联领导人戈尔巴乔夫。

那么美国是如何兵不血刃搞垮苏联的呢?

在里根政府期间任职的中央情报局专家彼得·施魏策尔在一本名为《里根政府是怎样搞垮苏联的》（新华出版社，2001 年版）的书中，以第一手资料透露了美国搞垮苏联的几个主导战略，它们是：

第一，用庞大的军费开支在经济上拖垮苏联，包括著名的“星球大战计划”等。施魏策尔介绍：1981 年年初，里根担任美国总统后立即着手策划如何“搞垮苏联”。1982 年年初，里根总统和几位重要顾问开始制订一项战略，决定对苏联体制的基本经济与政治弱点进行攻击。当年 5 月，里根签署了一份 8 页纸的秘密国家安全备忘录，提出了美国针对苏联的军事战略。1983 年 3 月 23 日，里根总统向全国发表演说，他激动地告诉全国观众，美国将开始对“战略防御倡议”进行研究，并“将全力推动这项工作”，这是“星球大战计划”的起源。

1985 年 1 月 4 日，美国政府正式开启反弹道导弹防御系统的战略防御计划（俗称“星球大战计划”），核心内容是：以各种手段攻击敌方的外太空洲际战略导弹和航天器，以防止敌对国家对美国及其盟国发动核打击。其预算高达 1 万多亿美元。

苏联解体后，“星球大战计划”于二十世纪九十年代宣布中止。随着美国中央情报局冷战密件曝光，“星球大战计划”被证实是一场骗局，大多数人开始相信，“星球大战”计划只是美国政府为了拖垮苏联而采取的宣传手段而已。里根的长期同事和前国家安全顾问阿伦也曾指出：“我认为里根并不是把战略防御倡议看作是一个能够保护美国的屏障，因为这个系统并不是无懈可击的。我认为他的想法是，这一举措最具刺激性，因为如果苏联人看到我们把大把大把的美元花在这个上面，那么他们必定会上当受骗。”

五角大楼一直坚持说“星球大战计划”没有实施，是因为存在技术缺陷。一个不可否认的事实是，美国的确刺激了苏联的军费开支，从 1986 年到 1990 年，苏联军费开支年均增长率高达

8%，几乎是国民收入增长的两倍。苏联军费开支曾达到其国内生产总值1/4的水平。

第二，为了在经济上打压苏联，美国千方百计压低国际石油价格，让苏联承受不起。因为苏联生产一桶石油的成本远远高于其他地区。当时美国中情局测算了一下，只要石油价格每桶下降一美元，苏联就将损失10亿美元，而当时苏联的外汇储备非常之低，这些钱对它来讲至关重要。

第三，美国不择手段促使整个西方对苏联进行资金、技术和投资的封锁。据施魏策尔介绍，美国国防部估计，苏联在计算机技术方面要落后10年，在第三次技术革命中的许多重要领域都跟在美国后面。美国中央情报局局长凯西1981年6月向里根总统提供的资料显示，苏联军事工业所需技术的50%是从西方获得的。在美国的策划和控制下，许多西方国家加强了对向苏联出口或转让高技术的控制。据统计，1975年在美国出售给苏联的全部产品中，高技术产品占32.7%，到1983年这个比重已降到5.4%。到1986年美国全力实施技术封锁战略，苏联已不能合法地购买到美国等西方国家的高技术。

第四，支持苏联盟友波兰国内的团结工会，让团结工会给波兰政府捣乱，使波兰经济陷入困境，迫使其从西方借钱。

第五，向阿富汗反政府游击队提供财政与军事援助，并极力把战争引向苏联境内，对其内部稳定和领土完整构成威胁。

在经济和军事的双重打压之下，加上苏联内部的腐败，这个曾经战胜拿破仑和希特勒帝国的北极熊轰然倒地。

## 五、制衡山之谋：利用他国优势产业亡其国

**原文：**

桓公问于管子曰："吾欲制衡山之术，为之奈何?"管子对曰："公其令人贵买衡山之械器而卖之。燕、代必从公而买之，秦、赵闻之，必与公争之。衡山之械器必倍其贾，天下争之，衡山械器必什倍以上。"公曰："诺。"因令人之衡山求买械器，不敢辩其贵贾。齐修械器于衡山十月，燕、代闻之，果令人之衡山求买械器，燕、代修三月，秦国闻之，果令人之衡山求买械器。衡山之君告其相曰："天下争吾械器，令其贾再什以上。"衡山之民释其本，修械器之巧。齐即令隰朋漕粟于赵。赵籴十五，隰朋取之石五十。天下闻之，载粟而之齐。齐修械器十七月，修籴五月，即闭关不与衡山通使。燕、代、秦、赵即引其使而归。衡山械器尽，鲁削衡山之南，齐削衡山之北。内自量无械器以应二敌，即奉国而归齐矣。

**译文：**

桓公问管仲："我要找一个控制衡山国的办法，怎样办?"管仲回答："您可派人出高价收购衡山国的兵器进行转卖。这样，燕国和代国一定跟着您去买，秦国和赵国听说后，一定同您争着买。衡山兵器必然涨价一倍。若造成天下争购的局面，衡山兵器还必然涨价十倍。"桓公说："可以。"便派人到衡山大量收购兵器，不同他们讨价还价。齐国在衡山收购兵器十个月以后，燕、

代两国听说，果然也派人去买。燕、代两国开展这项工作三个月以后，秦国听说，果然也派人去买。衡山国君告诉宰相："天下各国都争购我国兵器，可使价钱提高二十倍以上。"衡山国的百姓于是都放弃农业，发展兵器制造业。齐国则派隰朋到赵国购运粮食，赵国粮价每石十五钱，隰朋按每石五十钱收购。天下各国知道后，都运粮到齐国来卖。齐国用十七个月的时间收购兵器，用五个月的时间收购粮食，然后就封闭关卡，断绝了与衡山国的往来。燕、代、秦、赵四国也从衡山召回了使者。衡山国的兵器已经卖光，鲁国侵占其南部，齐国侵占其北部。它自量没有兵器招架两大敌国，便乖乖地奉国降齐了。

**古今案例分析：**

齐国行轻重之术，通过先后提高武器价格和粮价，运用市场力量协同天下，做局制衡山国于死地可谓"妙"！

现代工业社会，发达国家为了保持技术有优势，对中国这样的后发国家禁运成为一种常态。自冷战时代以来，美国等国家通过多边安排对中国实行技术遏制。神舟五号载人飞船总设计师、中国工程院院士戚发轫在一次采访中坦率指出了现代世界技术禁运的残酷性，他说："二十世纪八十年代以前我们的国际形势很严峻，苏联不给你，美国也不给你，只好自己办了。因此我们的'航天精神'里说要'自力更生'；你必须有自己的知识产权，要有自己的东西。先进的东西靠钱是买不到的。你有的时候人家会卖给你，你没有的时候人家才不会卖给你。”①

那么这种技术禁运是依靠什么机制来实现的呢？

冷战帷幕拉开后，第一个这样的组织是巴黎统筹委员会（Co-Ordinating Committee for Export Control，简称 COCOM，“巴统”），是 1949 年 11 月在美国提议下秘密成立的，因其总部设在巴黎而得名。它共有 17 个成员国，包括美国、英国、法国、德国、意大利、丹麦、挪威、荷兰、比利时、卢森堡、葡萄牙、西班牙、加拿大、希腊、土耳其、日本和澳大利亚。

冷战中，“巴统”的宗旨是限制成员国向社会主义国家出口战略物资和高技术。列入禁运清单的有军事武器装备、尖端技术产品和稀有物资等三大类上万种产品。被“巴统”列为禁运对象的不仅有社会主义国家，还包括一些民族主义国家，总数共约 30 个。“巴统”实行出口管制的主要措施是制订国际性管制商品的项目禁运和审查清单。“巴统”有三份控制清单，即国际原子能清单、国际军品清单、工业清单。这些清单具体规定何为有战略意义的货物和技术，其范围包括工业机械、电子设备、运输设备、金属、矿物及其制成品、化学类和石油产品、武器军火和海空军装备、原子能物质和设备等。

中国是“巴统”管制的重点对象之一。早在 1951 年 2 月，也就是朝鲜战争爆发 6 个月后，美国就操纵联合国大会通过决

---

① 中国新闻网，http://www.chinanews.com.cn/n/2004-05-09/26/434024.html，访问时间：2018 年 1 月 5 日。

议，污蔑我国是“侵略者”。同年5月，“巴统”设立“中国委员会”，制定了更加严格的“禁运货单”。1972年美国总统尼克松访华，战略风向随之转变。美国在一定程度上放宽了对华出口控制政策。同年，巴黎统筹委员会同意改变中国的出口许可地位，允许中国获得与前苏联同等的待遇。从1981年起，中国可从美国和其他西方国家得到较为先进的技术。1985年12月，巴黎统筹委员会对我国采取了“绿线”政策。根据这项政策，向我国出口的27种受控产品受到优惠许可待遇。

随着冷战的结束，“巴统”越来越不适应新的国际政治经济环境。1993年11月16日，“巴统”会员国的高级官员在荷兰举行会议，一致认为“巴统已经失去继续存在的理由”。1994年4月1日，“巴统”正式宣告解散。但是美国与欧盟各国对高技术产品、军事装备、核技术、核设备的出口政策并没有实质性变化。

在“巴统”还没有解散的1993年，关于制定一个新组织以对敏感物资和技术进行出口限制的新条约已经在讨论中。1996年，以美国为首的30多个国家正式订立了“瓦塞纳协议”（The Wassenaar Arrangement），目的是限制敏感技术的散播。各成员国同意管制一系列敏感技术的出口，若有任何销售，则知会其他成员国。瓦塞纳协议有33个成员国，主要是西方发达国家。

瓦塞纳协议是一个全球性关于常规武器与敏感两用产品和技术出口控制的多边机制，其目的是在常规武器、敏感两用产品和技术扩散方面提高透明度，信息的交换，增强有关国家的责任，防止不稳定因素累积。瓦塞纳协议的控制清单与巴黎统筹委员会的控制清单差别不大，全部清单包括军品清单、两用产品清单及两个附录。

中国当然也是瓦塞纳协议的主要关注目标之一，从先进武器装备到高科技电脑芯片，中国都不断受到美国炮制的“瓦塞纳协议”的限制。

我们不能对国际市场抱有不切实际的幻想。残酷的现实是：核心技术是不能自由贸易的。如果为引进技术而放弃自身的研发平台，长远来看得不偿失！

# 主要参考文献

1. 任继亮：《〈管子〉经济思想研究——轻重论史话》，中国社会科学出版社，2005 年。
2. 《薛暮桥回忆录》，天津人民出版社，2006 年。
3. 《陈云文选》第三卷，人民出版社，1995 年。
4. 《薛暮桥学术论著自选集》，北京师范学院出版社，1992 年。
5. 叶世昌等：《中国货币理论史》，厦门大学出版社，2003 年。
6. 巫宝三：《管子经济思想研究》，中国社会科学出版社，1989 年。
7. 张固也：《管子研究》，齐鲁书社，2006 年。
8. 赵守正，《白话管子》，岳麓书社，1993 年。
9. 科马里：《信息时代的经济学》，江苏人民出版社，2001 年 9 月。
10. 马非百：《管子轻重篇新诠》，中华书局，1979 年。
11. 相蓝欣：《传统与对外关系——兼评中美关系的意识形态背景》，生活·读书·新知三联书店，2007 年。
12. 梁启超：《饮冰室合集》第五册，中华书局，1989 年。
13. 李斯特：《政治经济学的国民体系》，商务印书馆，1991 年。
14. 汪宇：《刘师培学术文化随笔》，中国青年出版社，1999 年。
15. 蒙文通：《儒学五论》，广西师范大学出版社，2007 年。
16. 《马克思恩格斯全集》第 23 卷，人民出版社，1972 年。

17. 《邓小平文选》第二卷，人民出版社，1994 年。
18. 西嶋定生：《中国古代帝国的形成与结构——二十等爵制研究》，武尚清译，中华书局，2004 年。
19. 胡家聪：《管子新探》，中国社会科学出版社，2003 年。
20. 钱穆：《中国历史研究法》，生活·读书·新知三联书店，2001 年。
21. 弗朗斯瓦·魁奈：《中华帝国的专制制度》，谈敏译，商务印书馆，1992 年。
22. 吴友三：《法西斯运动问题》，商务印书馆，1936 年。
23. 黑格尔：《法哲学原理》，商务印书馆，1996 年。
24. 约翰·珀金斯：《一个经济杀手的自白》，广东经济出版社，2006 年。
25. 哈耶克：《通向奴役之路》，商务印出馆，1962 年。
26. 邓广铭：《北宋政治改革家：王安石》，生活·读书·新知三联书店，2007 年。
27. 色诺芬：《经济论 雅典的收入》，商务印书馆，1981 年。
28. 柏杨：《中国人史纲》，同心出版社，2005 年。
29. 李成瑞主编：《陈云经济思想发展史》，当代中国出版社，2005 年。
30. 伏尔泰：《风俗论》，梁守锵译，商务印书馆，2006 年。
31. 威廉·恩道尔：《石油战争》，知识产权出版社，2008 年。
32. 罗检秋：《近代诸子学与文化思潮》，中国社会科学出版社，1998 年。
33. 高王凌：《租佃关系新论——地主、农民和地租》，上海书店出版社，2005 年。

# 推荐作者得新书！

## 博瑞森征稿启事

**亲爱的读者朋友：**

感谢您选择了博瑞森图书！希望您手中的这本书能给您带来实实在在的帮助！

博瑞森一直致力于发掘好作者、好内容，希望能把您最需要的思想、方法，一字一句地交到您手中，成为管理知识与管理实践的桥梁。

但是我们也知道，有很多深入企业一线、经验丰富、乐于分享的优秀专家，或者忙于实战没时间，或者缺少专业的写作指导和便捷的出版途径，只能茫然以待……

还有很多在竞争大潮中坚守的企业，有着异常宝贵的实践经验和独特的洞察，但缺少专业的记录和整理者，无法让企业的经验和故事被更多的人了解、学习……

**对读者而言，这些都太遗憾了！**

博瑞森非常希望能将这些埋藏的"宝藏"发掘出来，贡献给广大读者，让更多的人从中受益。

所以，我们真心地邀请您，我们的老读者，帮我们搜寻：

**推荐作者**

可以是您自己或您的朋友，只要对本土管理有实践、有思考；可以是您通过网络、杂志、书籍或其他途径了解的某位专家，不管名气大小，只要他的思想和方法曾让您深受启发。

可以是管理类作品，也可以超出管理，各类优秀的社科作品或学术作品。

**推荐企业**

可以是您自己所在的企业，或者是您熟悉的某家企业，其创业过程、运营经历、产品研发、机制创新，等等。无论企业大小，只要乐于分享、有值得借鉴书写之处。

**总之，好内容就是一切！**

博瑞森绝非"自费出书"，出版费用完全由我们承担。您推荐的作者或企业案例一经采用，我们会立刻向您赠送书币 1000 元，可直接换取任何博瑞森图书的纸书或电子书。

感谢您对本土管理原创、博瑞森图书的支持！

推荐投稿邮箱：bookgood@126.com　　推荐手机：13611149991

# 1120 本土管理实践与创新论坛

这是由 100 多位本土管理专家联合创立的企业管理实践学术交流组织，旨在孵化本土管理思想、促进企业管理实践、加强专家间交流与协作。

论坛每年集中力量办好两件大事：第一，**“出一本书”**，汇聚一年的思考和实践，把最原创、最前沿、最实战的内容集结成册，贡献给读者；第二，**“办一次会”**，每年 11 月 20 日本土管理专家们汇聚一堂，碰撞思想、研讨案例、交流切磋、回馈社会。

**论坛理事名单**（以年龄为序，以示传承之意）

**首届常务理事：**

彭志雄　曾伟　施炜　杨涛　张学军　郭晓　程绍珊
胡八一　王祥伍　李志华　陈立云　杨永华

**理　　事：**

张再林　卢根鑫　刘文瑞　王铁仁　周荣辉　罗珉　房西苑
曾令同　黄民兴　陆和平　孟广桥　宋杼宸　张国祥　刘承元
叶兴平　曹子祥　宋新宇　吴越舟　吴坚　杜建君　戴欣明
仲昭川　刘春雄　刘祖轲　张茂泽　段继东　陈立胜　梁涛
何慕　秦国伟　贺兵一　罗海容　张小虎　陈忠建　郭剑
余晓雷　黄中强　朱玉童　沈坤　阎立忠　张进　丁兴良
朱仁健　薛宝峰　史贤龙　卢强　史幼波　黄剑黎　叶敦明
王涛　李文才　王强　张远凤　陈明　廖信琳　岑立聪
方刚　何足奇　周俊　杨奕　孙行健　孙嘉晖　张东利
郭富才　叶宁　何屹　沈奎　王明胤　王超　马宝琳
谭长春　杨竣雄　夏惊鸣　张博　段传敏　李洪道　胡浪球
孙波　唐江华　程翔　翟玉忠　刘红明　杨鸿贵　伯建新
高可为　李蓓　王春强　孔祥云　戴勇　贾同领　罗宏文
张兵武　史立臣　李政权　余盛　陈小龙　尚锋　邢雷

余伟辉　李小勇　苗庆显　孙　巍　陈继展　全怀周　林延君
王清华　初勇钢　陈　锐　高继中　聂志新　黄　屹　沈　拓
徐伟泽　潦　寒　谭洪华　崔自三　王玉荣　蒋　军　侯军伟
黄润霖　朱伟杰　金国华　吴　之　葛新红　周　剑　崔海鹏
李治江　陈海超　柏　龑　唐道明　刘书生　朱志明　曲宗恺
杜　忠　黄渊明　王献永　范月明　吕　林　刘文新　赵晓萌
张　伟　韩　旭　韩友诚　熊亚柱　秦海林　孙彩军　刘　雷
贺小林　王庆云　黄　娜　俞士耀　田　军　丁　昀　张小峰
黄　磊　罗晓慧　赵海永　伏泓霖　任彭枞　梁小平　鄢圣安
马方旭　乐　涛　杨晓燕　欧阳莉华　陈　慧　张　璐

## 企业案例·老板传记

| | 书名.作者 | 内容/特色 | 读者价值 |
|---|---|---|---|
| 企业案例·老板传记 | **你不知道的加多宝：原市场部高管讲述**<br>曲宗恺　牛玮娜　著 | 前加多宝高管解读加多宝 | 全景式解读，原汁原味 |
| 企业案例·老板传记 | **借力咨询：德邦成长背后的秘密**<br>官同良　王祥伍　著 | 讲述德邦是如何借助咨询公司的力量进行自身与发展的 | 来自德邦内部的第一线资料，真实、珍贵，令人受益匪浅 |
| 企业案例·老板传记 | **娃哈哈区域标杆：豫北市场营销实录**<br>罗宏文　赵晓萌　等著 | 本书从区域的角度来写娃哈哈河南分公司豫北市场是怎么进行区域市场营销，成为娃哈哈全国第一大市场、全国增量第一高市场的一些操作方法 | 参考性、指导性，一线真实资料 |
| 企业案例·老板传记 | **六个核桃凭什么：从0过100亿**<br>张学军　著 | 首部全面揭秘养元六个核桃裂变式成长的巨著 | 学习优秀企业的成长路径，了解其背后的理论体系 |
| 企业案例·老板传记 | **像六个核桃一样：打造畅销品的36个简明法则**<br>王　超　范　萍　著 | 本书分上下两篇：包括"六个核桃"的营销战略历程和36条畅销法则 | 知名企业的战略历程极具参考价值，36条法则提供操作方法 |
| 企业案例·老板传记 | **解决方案营销实战案例**<br>刘祖轲　著 | 用10个真案例讲明白什么是工业品的解决方案式营销，实战、实用 | 有干货、真正操作过的才能写得出来 |
| 企业案例·老板传记 | **招招见销量的营销常识**<br>刘文新　著 | 如何让每一个营销动作都直指销量 | 适合中小企业，看了就能用 |
| 企业案例·老板传记 | **我们的营销真案例**<br>联纵智达研究院　著 | 五芳斋粽子从区域到全国/诺贝尔瓷砖门店销量提升/利豪家具出口转内销/汤臣倍健的营销模式 | 选择的案例都很有代表性，实在、实操！ |
| 企业案例·老板传记 | **中国营销战实录：令人拍案叫绝的营销真案例**<br>联纵智达　著 | 51个案例，42家企业，38万字，18年，累计2000余人次参与…… | 最真实的营销案例，全是一线记录，开阔眼界 |
| 企业案例·老板传记 | **双剑破局：沈坤营销策划案例集**<br>沈　坤　著 | 双剑公司多年来的精选案例解析集，阐述了项目策划中每一个营销策略的诞生过程，策划角度和方法 | 一线真实案例，与众不同的策划角度令人拍案叫绝、受益匪浅 |
| 企业案例·老板传记 | **宗：一位制造业企业家的思考**<br>杨　涛　著 | 1993年创业，引领企业平稳发展20多年，分享独到的心得体会 | 难得的一本老板分享经验的书 |
| 企业案例·老板传记 | **简单思考：AMT咨询创始人自述**<br>孔祥云　著 | 著名咨询公司（AMT）的CEO创业历程中点点滴滴的经验与思考 | 每一位咨询人，每一位创业者和管理经营者，都值得一读 |
| 企业案例·老板传记 | **边干边学做老板**<br>黄中强　著 | 创业20多年的老板，有经验、能写、又愿意分享，这样的书很少 | 处处共鸣，帮助中小企业老板少走弯路 |
| 企业案例·老板传记 | **三四线城市超市如何快速成长：解密甘雨亭**<br>IBMG国际商业管理集团　著 | 国内外标杆企业的经验+本土实践量化数据+操作步骤、方法 | 通俗易懂，行业经验丰富，宝贵的行业量化数据，关键思路和步骤 |
| 企业案例·老板传记 | **中国首家未来超市：解密安徽乐城**<br>IBMG国际商业管理集团　著 | 本书深入挖掘了安徽乐城超市的试验案例，为零售企业未来的发展提供了一条可借鉴之路 | 通俗易懂，行业经验丰富，宝贵的行业量化数据，关键思路和步骤 |

续表

| 互联网 + | | | |
|---|---|---|---|
| | 书名．作者 | 内容/特色 | 读者价值 |
| 互联网+ | **新营销**<br>刘春雄　著 | 新营销的新框架体系是场景是产品逻辑，IP 是品牌逻辑，社群是连接逻辑，传播是营销逻辑 | 助力品牌商实现由传统营销到新营销的理念和行动的跨越，助力企业打赢升级转型之仗 |
| | **企业微信营销全指导**<br>孙　巍　著 | 专门给企业看到的微信营销书，手把手教企业从小白到微信营销专家 | 企业想学微信营销现在还不晚，两眼一抹黑也不怕，有这本书就够 |
| | **企业网络营销这样做才对：B2B　大宗 B2C**<br>张　进　著 | 简单直白拿来就用，各种窍门信手拈来，企业网络营销不麻烦也不用再头疼，一般人不告诉他 | B2B、大宗 B2C 企业有福了，看了就能学会网络营销 |
| | **互联网时代的银行转型**<br>韩友诚　著 | 以大量案例形式为读者全面展示和分析了银行的互联网金融转型应对之道 | 结合本土银行转型发展案例的书籍 |
| | **正在发生的转型升级·实践**<br>本土管理实践与创新论坛　著 | 企业在快速变革期所展现出的管理变革新成果、新方法、新案例 | 重点突出对于未来企业管理相关领域的趋势研判 |
| | **触发需求：互联网新营销样本·水产**<br>何足奇　著 | 传统产业都在苦闷中挣扎前行，本书通过鲜活的案例告诉你如何以需求链整合供应链，从而把大家熟知的传统行业打碎了重构、重做一遍 | 全是干货，值得细读学习，并且作者的理论已经经过了他亲自操刀的实践检验，效果惊人，就在书中全景展示 |
| | **移动互联新玩法：未来商业的格局和趋势**<br>史贤龙　著 | 传统商业、电商、移动互联，三个世界并存，这种新格局的玩法一定要懂 | 看清热点的本质，把握行业先机，一本书搞定移动互联网 |
| | **微商生意经：真实再现 33 个成功案例操作全程**<br>伏泓霖　罗晓慧　著 | 本书为 33 个真实案例，分享案例主人公在做微商过程中的经验教训 | 案例真实，有借鉴意义 |
| | **阿里巴巴实战运营——14 招玩转诚信通**<br>聂志新　著 | 本书主要介绍阿里巴巴诚信通的十四个基本推广操作，从而帮助使用诚信通的用户及企业更好地提升业绩 | 基本操作，很多可以边学边用，简单易学 |
| | **互联网精准营销：创造爆发式的商业价值**<br>蒋　军　著 | 怎么在互联网时代整体策划、包装品牌和产品，并在此基础上为企业设计商业模式，技术实现并运营落地 | 为有基础的小微企业（大企业的新项目）1 年实现销售额过亿，2 年对接资本，3 年左右准 IPO |
| | **今后这样做品牌：移动互联时代的品牌营销策略**<br>蒋　军　著 | 与移动互联紧密结合，告诉你老方法还能不能用，新方法怎么用 | 今后这样做品牌就对了 |
| | **互联网+“变”与“不变”：本土管理实践与创新论坛集萃·2016**<br>本土管理实践与创新论坛　著 | 本土管理领域正在产生自己独特的理论和模式，尤其在移动互联时代，有很多新课题需要本土专家们一起研究 | 帮助读者拓宽眼界、突破思维 |

续表

| | | | |
|---|---|---|---|
| 互联网+ | **创造增量市场:传统企业互联网转型之道**<br>刘红明　著 | 传统企业需要用互联网思维去创造增量,而不是用电子商务去转移传统业务的存量 | 教你怎么在"互联网+"的海洋中创造实实在在的增量 |
| | **重生战略:移动互联网和大数据时代的转型法则**<br>沈　拓　著 | 在移动互联网和大数据时代,传统企业转型如同生命体打算与再造,称之为"重生战略" | 帮助企业认清移动互联网环境下的变化和应对之道 |
| | **画出公司的互联网进化路线图:用互联网思维重塑产品、客户和价值**<br>李　蓓　著 | 18个问题帮助企业一步步梳理出互联网转型思路 | 思路清晰、案例丰富,非常有启发性 |
| | **7个转变,让公司3年胜出**<br>李　蓓　著 | 消费者主权时代,企业该怎么办 | 这就是互联网思维,老板有能这样想,肯定倒不了 |
| | **跳出同质思维,从跟随到领先**<br>郭　剑　著 | 66个精彩案例剖析,帮助老板突破行业长期思维惯性 | 做企业竟然有这么多玩法,开眼界 |

## 行业类:零售、白酒、食品/快消品、农业、医药、建材家居等

| 书名．作者 | | 内容/特色 | 读者价值 |
|---|---|---|---|
| 零售·超市·餐饮·服装 | **总部有多强大,门店就能走多远**<br>IBMG国际商业管理集团　著 | 如何把总部做强,成为门店的坚实后盾 | 了解总部建设的方法与经验 |
| | **超市卖场定价策略与品类管理**<br>IBMG国际商业管理集团　著 | 超市定价策略与品类管理实操案例和方法 | 拿来就能用的理论和工具 |
| | **连锁零售企业招聘与培训破解之道**<br>IBMG国际商业管理集团　著 | 围绕零售企业组织架构、培训体系建设等内容进行深刻探讨 | 破解人才发现和培养瓶颈的关键点 |
| | **中国首家未来超市:解密安徽乐城**<br>IBMG国际商业管理集团　著 | 介绍了乐城作为中国首家未来超市从无到有的传奇经历 | 了解新型零售超市的运作方式及管理特色 |
| | **三四线城市超市如何快速成长:解密甘雨亭**<br>IBMG国际商业管理集团　著 | 揭秘一家三四线连锁超市的经验策略 | 不但可以欣赏它的优点,而且可以学会它成功的方法 |
| | **涨价也能卖到翻**<br>村松达夫　【日】 | 提升客单价的15种实用、有效的方法 | 日本企业在这方面非常值得学习和借鉴 |
| | **移动互联下的超市升级**<br>联商网专栏频道　著 | 深度解析超市转型升级重点 | 帮助零售企业把握全局、看清方向 |
| | **手把手教你做专业督导:专卖店、连锁店**<br>熊亚柱　著 | 从督导的职能、作用,在工作中需要的专业技能、方法,都提供了详细的解读和训练办法,同时附有大量的表单工具 | 无论是店铺需要统一培训,还是个人想成为优秀的督导,有这一本就够了 |
| | **百货零售全渠道营销策略**<br>陈继展　著 | 没有照本宣科、说教式的絮叨,只有笔者对行业的认知与理解,庖丁解牛式的逐项解析、展开 | 通俗易懂,花极少的时间快速掌握该领域的知识及趋势 |

续表

| | | | |
|---|---|---|---|
| 零售·超市·餐饮·服装 | **零售:把客流变成购买力**<br>丁 昀 著 | 如何通过不断升级产品和体验式服务来经营客流 | 如何进行体验营销,国外的好经营,这方面有启发 |
| | **餐饮企业经营策略第一书**<br>吴 坚 著 | 分别从产品、顾客、市场、盈利模式等几个方面,对现阶段餐饮企业的发展提出策略和思路 | 第一本专业的、高端的餐饮企业经营指导书 |
| | **电影院的下一个黄金十年:开发·差异化·案例**<br>李保煜 著 | 对目前电影院市场存大的问题及如何解决进行了探讨与解读 | 多角度了解电影院运营方式及代表性案例 |
| | **赚不赚钱靠店长:从懂管理到会经营**<br>孙彩军 著 | 通过生动的案例来进行剖析,注重门店管理细节方面的能力提升 | 帮助终端门店店长在管理门店的过程中实现经营思路的拓展与突破 |
| 耐消品 | **商用车经销商运营实战**<br>杜建君 王朝阳 章晓青 等著 | 从管理到经营,从销售到服务,系统化运作全指导 | 为经销商经营开阔思路,掌握方法 |
| | **汽车配件这样卖:汽车后市场销售秘诀100条**<br>俞士耀 著 | 汽配销售业务员必读,手把手教授最实用的方法,轻松得来好业绩 | 快速上岗,专业实效,业绩无忧 |
| | **跟行业老手学经销商开发与管理:家电、耐消品、建材家居**<br>黄润霖 著 | 全部来源于经销商管理的一线问题,作者用丰富的经验将每一个问题落实到最便捷快速的操作方法上去 | 书中每一个问题都是普通营销人亲口提出的,这些问题你也会遇到,作者进行的解答则精彩实用 |
| 白酒 | **酒水饮料快消品餐饮渠道营销手册**<br>朱伟杰 著 | 主要针对快消品(酒水、饮料)的餐饮渠道,提供了区域、商圈、不同业态的规划和促销安排等多种工具,并提出了经销商、批发商等相关人员的管理方法 | 一本酒水饮料如何在餐饮渠道销售的全能手册,内容深入翔实,可以直接照搬套用,这样的便利简直千金不换 |
| | **白酒到底如何卖**<br>赵海永 著 | 以市场实战为主,多层次、全方位、多角度地阐释了白酒一线市场操作的最新模式和方法,接地气 | 实操性强,37个方法、6大案例帮你成功卖酒 |
| | **变局下的白酒企业重构**<br>杨永华 著 | 帮助白酒企业从产业视角看清趋势,找准位置,实现弯道超车的书 | 行业内企业要减少90%,自己在什么位置,怎么做,都清楚了 |
| | **1. 白酒营销的第一本书(升级版)**<br>**2. 白酒经销商的第一本书**<br>唐江华 著 | 华泽集团湖南开口笑公司品牌部长,擅长酒类新品推广、新市场拓展 | 扎根一线,实战 |
| | **区域型白酒企业营销必胜法则**<br>朱志明 著 | 为区域型白酒企业提供35条必胜法则,在竞争中赢销的葵花宝典 | 丰富的一线经验和深厚积累,实操实用 |
| | **10步成功运作白酒区域市场**<br>朱志明 著 | 白酒区域操盘者必备,掌握区域市场运作的战略、战术、兵法 | 在区域市场的攻伐防守中运筹帷幄,立于不败之地 |
| | **酒业转型大时代:微酒精选2014–2015**<br>微酒 主编 | 本书分为五个部分:当年大事件、那些酒业营销工具、微酒独立策划、业内大调查和十大经典案例 | 了解行业新动态、新观点,学习营销方法 |

续表

| | | | |
|---|---|---|---|
| 快消品·食品 | **中国快消品营销的这些年**<br>史贤龙　著 | 作者精华文章的合集,一本书浓缩了过去十五年,中国营销的实战历程与前沿思考 | 快消品营销行业的案例和方法都原汁原味呈现,在反映当时风貌的同时,展望与反思 |
| | **营销中国茶:2小时读懂茶叶营销**<br>史贤龙　著 | 从不同视角对中国的茶营销进行了思考,内容涉及中国茶产业战略困境、茶企规模化、茶品牌崛起、茶文化、茶营销、茶消费、茶零售、茶道等 | 内容丰富扎实,文字流畅,浓缩的都是精华,让你2小时读懂茶叶营销 |
| | **这样打造快消品标杆市场**<br>罗宏文　著 | 帮助你解决如何成功打造标杆市场和进行持续增量管理两大问题 | 一套系统的方法论,通俗易懂,可以直接套用 |
| | **5小时读懂快消品营销:中国快消品案例观察**<br>陈海超　著 | 多年营销经验的一线老手把案例掰开了、揉碎了,从中得出的各种手段和方法给读者以帮助和启发 | 营销那些事儿的个中秘辛,求人还不一定告诉你,这本书里就有 |
| | **快消品招商的第一本书:从入门到精通**<br>刘　雷　著 | 深入浅出,不说废话,有工具方法,通俗易懂 | 让零基础的招商新人快速学习书中最实用的招商技能,成长为骨干人才 |
| | **乳业营销第一书**<br>侯军伟　著 | 对区域乳品企业生存发展关键性问题的梳理 | 唯一的区域乳业营销书,区域乳品企业一定要看 |
| | **食用油营销第一书**<br>余　盛　著 | 10多年油脂企业工作经验,从行业到具体实操 | 食用油行业第一书,当之无愧 |
| | **中国茶叶营销第一书**<br>柏　龑　著 | 如何跳出茶行业"大文化小产业"的困境,作者给出了自己的观察和思考 | 不是传统做茶的思路,而是现在商业做茶的思路 |
| | **调味品营销第一书**<br>陈小龙　著 | 国内唯一一本调味品营销的书 | 唯一的调味品营销的书,调味品的从业者一定要看 |
| | **快消品营销人的第一本书:从入门到精通**<br>刘　雷　伯建新　著 | 快消行业必读书,从入门到专业 | 深入细致,易学易懂 |
| | **变局下的快消品营销实战策略**<br>杨永华　著 | 通胀了,成本增加,如何从被动应战变成主动的"系统战" | 作者对快消品行业非常熟悉、非常实战 |
| | **快消品经销商如何快速做大**<br>杨永华　著 | 本书完全从实战的角度,评述现象,解析误区,揭示原理,传授方法 | 为转型期的经销商提供了解决思路,指出了发展方向 |
| | **一位销售经理的工作心得**<br>蒋　军　著 | 一线营销管理人员想提升业绩却无从下手时,可以看看这本书 | 一线的真实感悟 |
| | **快消品营销:一位销售经理的工作心得2**<br>蒋　军　著 | 快消品、食品饮料营销的经验之谈,重点图书 | 来源与实战的精华总结 |
| | **快消品营销与渠道管理**<br>谭长春　著 | 将快消品标杆企业渠道管理的经验和方法分享出来 | 可口可乐、华润的一些具体的渠道管理经验,实战 |
| | **成为优秀的快消品区域经理(升级版)**<br>伯建新　著 | 用"怎么办"分析区域经理的工作关键点,增加30%全新内容,更贴近环境变化 | 可以作为区域经理的"速成催化器" |

续表

| | | | |
|---|---|---|---|
| 快消品·食品 | **销售轨迹:一位快消品营销总监的拼搏之路**<br>秦国伟　著 | 本书讲述了一个普通销售员打拼成为跨国企业营销总监的真实奋斗历程 | 激励人心,给广大销售员以力量和鼓舞 |
| | **快消老手都在这样做:区域经理操盘锦囊**<br>方　刚　著 | 非常接地气,全是多年沉淀下来的干货,丰富的一线经验和实操方法不可多得 | 在市场摸爬滚打的“老油条”,那些独家绝招妙招一般你问都是问不来的 |
| | **动销四维:全程辅导与新品上市**<br>高继中　著 | 从产品、渠道、促销和新品上市详细讲解提高动销的具体方法,总结作者18年的快消品行业经验,方法实操 | 内容全面系统,方法实操 |
| 农业 | **新农资如何换道超车**<br>刘祖轲　等著 | 从农业产业化、互联网转型、行业营销与经营突破四个方面阐述如何让农资企业占领先机、提前布局 | 南方略专家告诉你如何应对资源浪费、生产效率低下、产能严重过剩、价格与价值严重扭曲等 |
| | **中国牧场管理实战:畜牧业、乳业必读**<br>黄剑黎　著 | 本书不仅提供了来自一线的实际经验,还收入了丰富的工具文档与表单 | 填补空白的行业必读作品 |
| | **中小农业企业品牌战法**<br>韩　旭　著 | 将中小农业企业品牌建设的方法,从理论讲到实践,具有指导性 | 全面把握品牌规划,传播推广,落地执行的具体措施 |
| | **农资营销实战全指导**<br>张　博　著 | 农资如何向“深度营销”转型,从理论到实践进行系统剖析,经验资深 | 朴实、使用! 不可多得的农资营销实战指导 |
| | **农产品营销第一书**<br>胡浪球　著 | 从农业企业战略到市场开拓、营销、品牌、模式等 | 来源于实践中的思考,有启发 |
| | **变局下的农牧企业9大成长策略**<br>彭志雄　著 | 食品安全、纵向延伸、横向联合、品牌建设…… | 唯一的农牧企业经营实操的书,农牧企业一定要看 |
| 医药 | **在中国,医药营销这样做:时代方略精选文集**<br>段继东　主编 | 专注于医药营销咨询15年,将医药营销方法的精华文章合编,深入全面 | 可谓医药营销领域的顶尖著作,医药界读者的必读书 |
| | **医药新营销:制药企业、医药商业企业营销模式转型**<br>史立臣　著 | 医药生产企业和商业企业在新环境下如何做营销? 老方法还有没有用? 如何寻找新方法? 新方法怎么用? 本书给你答案 | 内容非常现实接地气,踏实谈问题说方法 |
| | **医药企业转型升级战略**<br>史立臣　著 | 药企转型升级有5大途径,并给出落地步骤及风险控制方法 | 实操性强,有作者个人经验总结及分析 |
| | **新医改下的医药营销与团队管理**<br>史立臣　著 | 探讨新医改对医药行业的系列影响和医药团队管理 | 帮助理清思路,有一个框架 |
| | **医药营销与处方药学术推广**<br>马宝琳　著 | 如何用医学策划把“平民产品”变成“明星产品” | 有真货、讲真话的作者,堪称处方药营销的经典! |
| | **医药行业大洗牌与药企创新**<br>林延君　沈　斌　著 | 一方面,围绕着变革,多角度阐述药企的应对之道;另一方面,紧扣实践,介绍近百家医药企业创新实践案例 | 医改变革10年,医药企业如何应对大洗牌? 重磅出击的药企人必读书 |
| | **新医改了,药店就要这样开**<br>尚　锋　著 | 药店经营、管理、营销全攻略 | 有很强的实战性和可操作性 |

续表

| | | | |
|---|---|---|---|
| 医药 | **电商来了，实体药店如何突围**<br>尚　锋　著 | 电商崛起，药店该如何突围？本书从促销、会员服务、专业性、客单价等多重角度给出了指导方向 | 实战攻略，拿来就能用 |
| | **OTC 医药代表药店销售36计**<br>鄢圣安　著 | 以《三十六计》为线，写OTC医药代表向药店销售的一些技巧与策略 | 案例丰富，生动真实，实操性强 |
| | **OTC 医药代表药店开发与维护**<br>鄢圣安　著 | 要做到一名专业的医药代表，需要做什么、准备什么、知识储备、操作技巧等 | 医药代表药店拜访的指导手册，手把手教你快速上手 |
| | **引爆药店成交率1：店员导购实战**<br>范月明　著 | 一本书解决药店导购所有难题 | 情景化、真实化、实战化 |
| | **引爆药店成交率2：经营落地实战**<br>范月明　著 | 最接地气的经营方法全指导 | 揭示了药店经营的几类关键问题 |
| | **引爆药店成交率：专业化销售解决方案**<br>范月明　著 | 药品搭配分析与关联销售 | 为药店人专业化助力 |
| | **处方药零售这样做**<br>田　军　著 | 阐述了处方药零售的重要性，以及做处方药零售市场的具体措施和方法 | 系统性了解和掌握处方药零售方法 |
| 建材家居 | **成为最赚钱的家具建材经销商**<br>李治江　著 | 从销售模式、产品、门店等老板们最关注和最需要的方面解决问题、提供方法 | 只要你是建材、家具、家居用品的经销商老板，这就是一本必读的书 |
| | **家具行业操盘手**<br>王献永　著 | 家具行业问题的终结者 | 解决了干家具还有没有前途？为什么同城多店的家具经销商很难做大做强等问题 |
| | **建材家居营销：除了促销还能做什么**<br>孙嘉晖　著 | 一线老手的深度思考，告诉你在建材家居营销模式基本停滞的今天，除了促销，营销还能怎么做 | 给你的想法一场革命 |
| | **建材家居营销实务**<br>程绍珊　杨鸿贵　主编 | 价值营销运用到建材家居，每一步都让客户增值 | 有自己的系统、实战 |
| | **家居建材门店6力爆破**<br>贾同领　著 | 合盘道出一线品牌销量秘籍 | 6力招招见血，既有招数，又有策略 |
| | **建材家居门店销量提升**<br>贾同领　著 | 店面选址、广告投放、推广助销、空间布局、生动展示、店面运营等 | 门店销量提升是一个系统工程，非常系统、实战 |
| | **10步成为最棒的建材家居门店店长**<br>徐伟泽　著 | 实际方法易学易用，让员工能够迅速成长，成为独当一面的好店长 | 只要坚持这样干，一定能成为好店长 |
| | **手把手帮建材家居导购业绩倍增：成为顶尖的门店店员**<br>熊亚柱　著 | 生动的表现形式，让普通人也能成为优秀的导购员，让门店业绩长红 | 读着有趣，用着简单，一本在手、业绩无忧 |
| | **建材家居经销商实战42章经**<br>王庆云　著 | 告诉经销商：老板怎么当、团队怎么带、生意怎么做 | 忠言逆耳，看着不舒服就对了，实战总结，用一招半式就值了 |

续表

| | | | |
|---|---|---|---|
| 工业品 | **销售是门专业活:B2B、工业品**<br>陆和平　著 | 销售流程就应该跟着客户的采购流程和关注点的变化向前推进,将一个完整的销售过程分成十个阶段,提供具体方法 | 销售不是请客吃饭拉关系,是个专业的活计!方法在手,走遍天下不愁 |
| | **解决方案营销实战案例**<br>刘祖轲　著 | 用10个真案例讲明白什么是工业品的解决方案式营销,实战、实用 | 有干货、真正操作过的才能写得出来 |
| | **变局下的工业品企业7大机遇**<br>叶敦明　著 | 产业链条的整合机会、盈利模式的复制机会、营销红利的机会、工业服务商转型机会…… | 工业品企业还可以这样做,思维大突破 |
| | **工业品市场部实战全指导**<br>杜　忠　著 | 工业品市场部经理工作内容全指导 | 系统、全面、有理论、有方法,帮助工业品市场部经理更快提升专业能力 |
| | **工业品营销管理实务**<br>李洪道　著 | 中国特色工业品营销体系的全面深化、工业品营销管理体系优化升级 | 工具更实战,案例更鲜活,内容更深化 |
| | **工业品企业如何做品牌**<br>张东利　著 | 为工业品企业提供最全面的品牌建设思路 | 有策略、有方法、有思路、有工具 |
| | **丁兴良讲工业4.0**<br>丁兴良　著 | 没有枯燥的理论和说教,用朴实直白的语言告诉你工业4.0的全貌 | 工业4.0是什么?本书告诉你答案 |
| | **资深大客户经理:策略准,执行狠**<br>叶敦明　著 | 从业务开发、发起攻势、关系培育、职业成长四个方面,详述了大客户营销的精髓 | 满满的全是干货 |
| | **一切为了订单:订单驱动下的工业品营销实战**<br>唐道明　著 | 其实,所有的企业都在围绕着两个字在开展全部的经营和管理工作,那就是"订单" | 开发订单、满足订单、扩大订单。本书全是实操方法,字字珠玑、句句干货,教你获得营销的胜利 |
| 金融 | **交易心理分析**<br>(美)马克·道格拉斯　著<br>刘真如　译 | 作者一语道破赢家的思考方式,并提供了具体的训练方法 | 不愧是投资心理的第一书,绝对经典 |
| | **精品银行管理之道**<br>崔海鹏　何　屹　主编 | 中小银行转型的实战经验总结 | 中小银行的教材很多,实战类的书很少,可以看看 |
| | **支付战争**<br>Eric M. Jackson　著<br>徐　彬　王　晓　译 | PayPal创业期营销官,亲身讲述PayPal从诞生到壮大到成功出售的整个历史 | 激烈、有趣的内幕商战故事!了解美国支付市场的风云巨变 |
| | **中外并购名著专业阅读指南**<br>叶兴平　等著 | 在5000多本并购类图书中精选的200著作,在阅读的基础上写的读书评价 | 精挑细选200本并一一评介,省去读者挑选的烦恼,快捷、高效 |
| | **互联网时代的银行转型**<br>韩友诚　著 | 以大量案例形式为读者全面展示和分析了银行的互联网金融转型应对之道 | 结合本土银行转型发展案例的书籍 |

续表

| | | | |
|---|---|---|---|
| 房地产 | **产业园区/产业地产规划、招商、运营实战**<br>阎立忠　著 | 目前中国第一本系统解读产业园区和产业地产建设运营的实战宝典 | 从认知、策划、招商到运营全面了解地产策划 |
| | **人文商业地产策划**<br>戴欣明　著 | 城市与商业地产战略定位的关键是不可复制性，要发现独一无二的“味道” | 突破千城一面的策划困局 |
| | **电影院的下一个黄金十年：开发·差异化·案例**<br>李保煜　著 | 对目前电影院市场存大的问题及如何解决进行了探讨与解读 | 多角度了解电影院运营方式及代表性案例 |
| 能源 | **全能型班组：城市能源互联网与电力班组升级**<br>国网天津市电力公司　编著 | 借鉴国内外优秀企业的转型升级思路，通过对于新型班组组织模式和运行机制的大胆设想，力图构建充分适应内外环境变化的全能型班组 | 看看庞大的国企在新环境下是如何顺应时代的 |
| | **国网天津电力全能型班组建设实务**<br>国网天津市电力公司　编著 | 本书聚焦于天津电力公司在探索全能型班组转型升级时的优秀实践 | 电力行业的班组实践，具体、可操作性强 |

## 经营类：企业如何赚钱，如何抓机会，如何突破，如何“开源”

| | 书名．作者 | 内容/特色 | 读者价值 |
|---|---|---|---|
| 抓方向 | **让经营回归简单．升级版**<br>宋新宇　著 | 化繁为简抓住经营本质：战略、客户、产品、员工、成长 | 经典，做企业就这几个关键点！ |
| | **混沌与秩序Ⅰ：变革时代企业领先之道**<br>**混沌与秩序Ⅱ：变革时代管理新思维**<br>彭剑锋　尚艳玲　主编 | 汇集华夏基石专家团队10年来研究成果，集中选择了其中的精华文章编篡成册 | 作者都是既有深厚理论积淀又有实践经验的重磅专家，为中国企业和企业家的未来提出了高屋建瓴的观点 |
| | **活系统：跟任正非学当老板**<br>孙行健　尹　贤　著 | 以任正非的独到视角，教企业老板如何经营公司 | 看透公司经营本质，激活企业活力 |
| | **重构：快消品企业重生之道**<br>杨永华　著 | 从7个角度，帮助企业实现系统性的改造 | 提供转型思想与方法，值得参考 |
| | **公司由小到大要过哪些坎**<br>卢　强　著 | 老板手里的一张“企业成长路线图” | 现在我在哪儿，未来还要走哪些路，都清楚了 |
| | **企业二次创业成功路线图**<br>夏惊鸣　著 | 企业曾经抓住机会成功了，但下一步该怎么办？ | 企业怎样获得第二次成功，心里有个大框架了 |
| | **老板经理人双赢之道**<br>陈　明　著 | 经理人怎养选平台、怎么开局，老板怎样选/育/用/留 | 老板生闷气，经理人牢骚大，这次知道该怎么办了 |
| | **简单思考：AMT咨询创始人自述**<br>孔祥云　著 | 著名咨询公司（AMT）的CEO创业历程中点点滴滴的经验与思考 | 每一位咨询人，每一位创业者和管理经营者，都值得一读 |
| | **企业文化的逻辑**<br>王祥伍　黄健江　著 | 为什么企业绩效如此不同，解开绩效背后的文化密码 | 少有的深刻，有品质，读起来很流畅 |
| | **使命驱动企业成长**<br>高可为　著 | 钱能让一个人今天努力，使命能让一群人长期努力 | 对于想做事业的人，‘使命’是绕不过去的 |

续表

| | | | |
|---|---|---|---|
| 思维突破 | **盈利原本就这么简单**<br>高可为　著 | 从财务的角度揭示企业盈利的秘密 | 多方面解读商业模式与盈利的关系,通俗易懂,受益匪浅 |
| | **移动互联新玩法:未来商业的格局和趋势**<br>史贤龙　著 | 传统商业、电商、移动互联,三个世界并存,这种新格局的玩法一定要懂 | 看清热点的本质,把握行业先机,一本书搞定移动互联网 |
| | **画出公司的互联网进化路线图:用互联网思维重塑产品、客户和价值**<br>李　蓓　著 | 18 个问题帮助企业一步步梳理出互联网转型思路 | 思路清晰、案例丰富,非常有启发性 |
| | **重生战略:移动互联网和大数据时代的转型法则**<br>沈　拓　著 | 在移动互联网和大数据时代,传统企业转型如同生命体打算与再造,称之为"重生战略" | 帮助企业认清移动互联网环境下的变化和应对之道 |
| | **创造增量市场:传统企业互联网转型之道**<br>刘红明　著 | 传统企业需要用互联网思维去创造增量,而不是用电子商务去转移传统业务的存量 | 教你怎么在"互联网+"的海洋中创造实实在在的增量 |
| | **7 个转变,让公司 3 年胜出**<br>李　蓓　著 | 消费者主权时代,企业该怎么办 | 这就是互联网思维,老板有能这样想,肯定倒不了 |
| | **跳出同质思维,从跟随到领先**<br>郭　剑　著 | 66 个精彩案例剖析,帮助老板突破行业长期思维惯性 | 做企业竟然有这么多玩法,开眼界 |
| | **麻烦就是需求　难题就是商机**<br>卢根鑫　著 | 如何借助客户的眼睛发现商机 | 什么是真商机,怎么判断、怎么抓,有借鉴 |
| | **互联网+"变"与"不变":本土管理实践与创新论坛集萃·2016**<br>本土管理实践与创新论坛　著 | 加速本土管理思想的孕育诞生,促进本土管理创新成果更好地服务企业、贡献社会 | 各个作者本年度最新思想,帮助读者拓宽眼界、突破思维 |
| | **消费升级:实践　研究(文集)**<br>本土管理实践与创新论坛　著 | 38 位管理专家及 7 位学者的精华思想,从经营、管理、行业及思想研究四个方面阐述中国企业在消费升级下的实践与研究 | 思想启发,行业借鉴 |
| 财务 | **写给企业家的公司与家庭财务规划——从创业成功到富足退休**<br>周荣辉　著 | 本书以企业的发展周期为主线,写各阶段企业与企业主家庭的财务规划 | 为读者处理人生各阶段企业与家庭的财务问题提供建议及方法,让家庭成员真正享受财富带来的益处 |
| | **互联网时代的成本观**<br>程　翔　著 | 本书结合互联网时代提出了成本的多维观,揭示了多维组合成本的互联网精神和大数据特征,论述了其产生背景、实现思路和应用价值 | 在传统成本观下为盈利的业务,在新环境下也许就成为亏损业务。帮助管理者从新的角度来看待成本,进一步做好精益管理 |
| | **财报背后的投资机会**<br>蒋　豹　著 | 以具体的公司案例分析,教你迅速看出财务报表与企业经营的关系、所反映的企业经营现状,从而找到投资机会 | 前四大会计所员工为读者解密财报,发现投资机会 |

续表

| 管理类:效率如何提升,如何实现经营目标,如何"节流" | | | |
|---|---|---|---|
| | 书名.作者 | 内容/特色 | 读者价值 |
| 通用管理 | 让管理回归简单·升级版<br>宋新宇 著 | 从目标、组织、决策、授权、人才和老板自己层面教你怎样做管理 | 帮助管理抓住管理的要害,让管理变得简单 |
| | 让经营回归简单·升级版<br>宋新宇 著 | 从战略、客户、产品、员工、成长、经营者自身等七个方面,归纳总结出简单有效的经营法则 | 总结出的真正优秀企业的成功之道:简单 |
| | 让用人回归简单<br>宋新宇 著 | 从用人的原则、用人的难题与误区、用人的方法和用人者的修炼四大方面,总结出适合中小企业做好人才管理工作的法则 | 帮助管理者抓住用人的要害,让用人变得简单 |
| | 历史深处的管理智慧1:组织建设与用人之道<br>刘文瑞 著 | 对历史之典故、政事、人事、政制进行管理解析,鉴照企业人才的选用育留 | 推动理论与实践的对接,实现理性与情感的渗透,用中国话语说明管理智慧 |
| | 历史深处的管理智慧2:战略决策与经营运作<br>刘文瑞 著 | 对历史之典故、政事、人事、政制进行管理解析,鉴照企业战略设计与经营实践 | 推动理论与实践的对接,实现理性与情感的渗透,用中国话语说明管理智慧 |
| | 历史深处的管理智慧3:领导修炼与文化素养<br>刘文瑞 著 | 对历史之典故、政事、人事、政制进行管理解析,鉴照企业领导职业能力提升与文化修养 | 推动理论与实践的对接,实现理性与情感的渗透,用中国话语说明管理智慧 |
| | 管理的尺度<br>刘文瑞 著 | 对管理中的种种普遍性问题进行了批评 | 提高把握管理尺度的能力 |
| | 管理学在中国<br>刘文瑞 著 | 系统性介绍了管理学在中国的发展和演变 | 了解管理学在中国的发展脉络,更清晰理解管理学的本质 |
| | 看电影,懂管理<br>刘文瑞 著 | 16部经典电影,带你感悟管理智慧 | 能够帮助读者放松身心,驰骋想象,在不知不觉中增长智慧 |
| | 管理:以规则驾驭人性<br>王春强 著 | 详细解读企业规则的制定方法 | 从人与人博弈角度提升管理的有效性 |
| | 员工心理学超级漫画版<br>邢雷 著 | 以漫画的形式深度剖析员工心理 | 帮助管理者更了解员工,从而更轻松地管理员工 |
| | 老板有想法,高层有干法:企业中的将帅之道<br>王清华 著 | 深入剖析老板与高管的异同 | 各司其职,各行其是,相辅相成 |
| | 分股合心:股权激励这样做<br>段磊 周剑 著 | 通过丰富的案例,详细介绍了股权激励的知识和实行方法 | 内容丰富全面、易读易懂,了解股权激励,有这一本就够了 |
| | 边干边学做老板<br>黄中强 著 | 创业20多年的老板,有经验、能写、又愿意分享,这样的书很少 | 处处共鸣,帮助中小企业老板少走弯路 |

续表

| | | | |
|---|---|---|---|
| 通用管理 | **成为敏感而体贴的公司**<br>王　涛　著 | 本书为作者对企业的观察和冥想的随笔记录。从生活中的一个现象入手,进而探索现象背后的本质 | 从全新角度认识公司 |
| | **中国企业的觉醒:正直 善良 成长**<br>王　涛　著 | 围绕着企业人如何发生转化展开,对中国人、中国文化及由此导致的企业现状的观察和思考 | 企业除了要利润,还需要道德 |
| | **有意识的思考:轻松化解问题的7个思考习惯**<br>王　涛　著 | 本书是对思想、思考过程、思考方式进行的细致观察 | 养成好的思考习惯,更深刻地看问题 |
| | **中国式阿米巴落地实践之从交付到交易**<br>胡八一　著 | 本书主要讲述阿米巴经营会计,"从交付到交易",这是成功实施了阿米巴的标志 | 阿米巴经营会计的工作是有逻辑关联的,一本书就能搞定 |
| | **中国式阿米巴落地实践之激活组织**<br>胡八一　著 | 重点讲解如何科学划分阿米巴单元,阐述划分的实操要领、思路、方法、技术与工具 | 最大限度减少"推行风险"和"摸索成本",利于公司成功搭建适合自身的个性化阿米巴经营体系 |
| | **中国式阿米巴落地实践之持续盈利**<br>胡八一　著 | 把企业做成平台,企业才能做大(格局);把平台做成阿米巴,企业才能做强(专业);把阿米巴做成合伙制,企业才能做久(机制) | 中国式阿米巴落地实践三部曲的最后一部,告诉你企业如何做大做强做久 |
| | **集团化企业阿米巴实战案例**<br>初勇钢　著 | 一家集团化企业阿米巴实施案例 | 指导集团化企业系统实施阿米巴 |
| | **阿米巴经营的中国模式**<br>李志华　著 | 让员工从"要我干"到"我要干",价值量化出来 | 阿米巴在企业如何落地,明白思路了 |
| | **欧博心法:好管理靠修行**<br>曾　伟　著 | 用佛家的智慧,深刻剖析管理问题,见解独到 | 如果真的有'中国式管理',曾老师是其中标志性人物 |
| | **领导这样点燃你的下属**<br>孟广桥　著 | 领导者如何才能让员工积极主动地工作?如何让你的员工和下属保持工作的热情,自动自发?看了这本书就知道 | 只要你希望手下的"兵将"永远充满工作的斗志,这本书将使你获益良多 |
| 流程管理 | **1. 用流程解放管理者**<br>**2. 用流程解放管理者2**<br>张国祥　著 | 中小企业阅读的流程管理、企业规范化的书 | 通俗易懂,理论和实践的结合恰到好处 |
| | **跟我们学建流程体系**<br>陈立云　著 | 畅销书《跟我们学做流程管理》系列,更实操,更细致,更深入 | 更多地分享实践,分享感悟,从实践总结出来的方法论 |
| | **人人都要懂流程**<br>金国华　余雅丽　著 | 当前各企业流程管理方面最为典型的痛点现象及问题案例 | 通俗易懂,适合企业全员阅读 |

续表

| | | | |
|---|---|---|---|
| 质量管理 | IATF16949 质量管理体系详解与案例文件汇编：TS16949 转版 IATF16949：2016<br>谭洪华　著 | 针对 IATF 的新标准做了详细的解说，同时指出了一些推行中容易犯的错误，提供了大量的表单、案例 | 案例、表单丰富，拿来就用 |
| | 五大质量工具详解及运用案例：APQP/FMEA/PPAP/MSA/SPC<br>谭洪华　著 | 对制造业必备的五大质量工具中每个文件的制作要求、注意事项、制作流程、成功案例等进行了解读 | 通俗易懂、简便易行，能真正实现学以致用 |
| | ISO9001：2015 新版质量管理体系详解与案例文件汇编<br>谭洪华　著 | 紧密围绕 2015 年新版质量管理体系文件逐条详细解读，并提供可以直接套用的案例工具，易学易上手 | 企业质量管理认证、内审必备 |
| | ISO14001：2015 新版环境管理体系详解与案例文件汇编<br>谭洪华　著 | 紧密围绕 2015 年新版环境管理体系文件逐条详细解读，并提供可以直接套用的案例工具，易学易上手 | 企业环境管理认证、内审必备 |
| | SA8000：2014 社会责任管理体系认证实战<br>吕　林　著 | 作者根据自己的操作经验，按认证的流程，以相关案例进行说明 SA8000 认证体系 | 简单，实操性强，拿来就能用 |
| | 精益质量管理实战工具<br>贺小林　著 | 制造类企业日常工作中所需要的精益管理工具的归纳整理，并进行案例操作的细致分析 | 可以直接参考，实际解决生产中的具体问题 |
| 战略落地 | 重生——中国企业的战略转型<br>施　炜　著 | 从前瞻和适用的角度，对中国企业战略转型的方向、路径及策略性举措提出了一些概要性的建议和意见 | 对企业有战略指导意义 |
| | 公司大了怎么管：从靠英雄到靠组织<br>AMT 金国华　著 | 第一次详尽阐释中国快速成长型企业的特点、问题及解决之道 | 帮助快速成长型企业领导及管理团队理清思路，突破瓶颈 |
| | 低效会议怎么改：每年节省一半会议成本的秘密<br>AMT 王玉荣　著 | 教你如何系统规划公司的各级会议，一本工具书 | 教会你科学管理会议的办法 |
| | 年初订计划，年尾有结果：战略落地七步成诗<br>AMT 郭晓　著 | 7 个步骤教会你怎么让公司制定的战略转变为行动 | 系统规划，有效指导计划实现 |
| 人力资源 | HRBP 是这样炼成的之“菜鸟起飞”<br>新　海　著 | 以小说的形式，具体解析 HRBP 的职责，应该如何操作，如何为业务服务 | 实践者的经验分享，内容实务具体，形式有趣 |
| | HRBP 是这样炼成的之中级修炼<br>新　海　著 | 本书以案例故事的方式，介绍了 HRBP 在实际工作中碰到的问题和挑战 | 书中的 HR 解决方案讲究因时因地制宜、简单有效的原则，重在启发读者思路，可供各类企业 HRBP 借鉴 |
| | HRBP 是这样炼成的之高级修炼<br>新　海　著 | 以故事的形式，展现了 HRBP 工作者在职业发展路上的层层深入和递进 | 为读者提供 HRBP 在实际工作中遇到种种问题的解决方案 |

续表

| | | | |
|---|---|---|---|
| 人力资源 | **把面试做到极致:首席面试官的人才甄选法**<br>孟广桥　著 | 作者用自己几十年的人力资源经验总结出的一套实用的确定岗位招聘标准、提升面试官技能素质的简便方法 | 面试官必备,没有空泛理论,只有巧妙的实操技能 |
| | **人力资源体系与e－HR信息化建设**<br>刘书生　陈　莹　王美佳　著 | 将作者经历的人力资源管理变革、人力资源管理信息化咨询项目方法论、工具和成果全面展现给读者,使大家能够将其快速应用到管理实践中 | 系统性非常强,没有废话,全部是浓缩的干货 |
| | **回归本源看绩效**<br>孙　波　著 | 让绩效回顾"改进工具"的本源,真正为企业所用 | 确实是来源于实践的思考,有共鸣 |
| | **世界500强资深培训经理人教你做培训管理**<br>陈　锐　著 | 从7大角度具体细致地讲解了培训管理的核心内容 | 专业、实用、接地气 |
| | **曹子祥教你做激励性薪酬设计**<br>曹子祥　著 | 以激励性为指导,系统性地介绍了薪酬体系及关键岗位的薪酬设计模式 | 深入浅出,一本书学会薪酬设计 |
| | **曹子祥教你做绩效管理**<br>曹子祥　著 | 复杂的理论通俗化,专业的知识简单化,企业绩效管理共性问题的解决方案 | 轻松掌握绩效管理 |
| | **把招聘做到极致**<br>远　鸣　著 | 作为世界500强高级招聘经理,作者数十年招聘经验的总结分享 | 带来职场思考境界的提升和具体招聘方法的学习 |
| | **人才评价中心.超级漫画版**<br>邢　雷　著 | 专业的主题,漫画的形式,只此一本 | 没想到一本专业的书,能写成这效果 |
| | **走出薪酬管理误区**<br>全怀周　著 | 剖析薪酬管理的8大误区,真正发挥好枢纽作用 | 值得企业深读的实用教案 |
| | **集团化人力资源管理实践**<br>李小勇　著 | 对搭建集团化的企业很有帮助,务实,实用 | 最大的亮点不是理论,而是结合实际的深入剖析 |
| | **我的人力资源咨询笔记**<br>张　伟　著 | 管理咨询师的视角,思考企业的HR管理 | 通过咨询师的眼睛对比很多企业,有启发 |
| | **本土化人力资源管理8大思维**<br>周　剑　著 | 成熟HR理论,在本土中小企业实践中的探索和思考 | 对企业的现实困境有真切体会,有启发 |
| 企业文化 | **36个拿来就用的企业文化建设工具**<br>海融心胜　主编 | 数十个工具,为了方便拿来就用,每一个工具都严格按照工具属性、操作方法、案例解读划分,实用、好用 | 企业文化工作者的案头必备书,方法都在里面,简单易操作 |
| | **企业文化建设超级漫画版**<br>邢　雷　著 | 以漫画的形式系统教你企业文化建设方法 | 轻松易懂好操作 |

续表

| | | | |
|---|---|---|---|
| 企业文化 | **华夏基石方法：企业文化落地本土实践**<br>王祥伍　谭俊峰　著 | 十年积累、原创方法、一线资料，和盘托出 | 在文化落地方面真正有洞察，有实操价值的书 |
| | **企业文化的逻辑**<br>王祥伍　著 | 为什么企业之间如此不同，解开绩效背后的文化密码 | 少有的深刻，有品质，读起来很流畅 |
| | **企业文化激活沟通**<br>宋杼宸　安　琪　著 | 透过新任 HR 总经理的眼睛，揭示出沟通与企业文化的关系 | 有实际指导作用的文化落地读本 |
| | **在组织中绽放自我：从专业化到职业化**<br>朱仁健　王祥伍　著 | 个人如何融入组织，组织如何助力个人成长 | 帮助企业员工快速认同并投入到组织中去，为企业发展贡献力量 |
| | **企业文化定位·落地一本通**<br>王明胤　著 | 把高深枯燥的专业理论创建成一套系统化、实操化、简单化的企业文化缔造方法 | 对企业文化不了解，不会做？有这一本从概念到实操，就够了 |
| 生产管理 | **精益思维：中国精益如何落地**<br>刘承元　著 | 笔者二十余年企业经营和咨询管理的经验总结 | 中国企业需要灵活运用精益思维，推动经营要素与管理机制的有机结合，推动企业管理向前发展 |
| | **300 张现场图看懂精益 5S 管理**<br>乐　涛　编著 | 5S 现场实操详解 | 案例图解，易懂易学 |
| | **高员工流失率下的精益生产**<br>余伟辉　著 | 中国的精益生产必须面对和解决高员工流失率问题 | 确实来源于本土的工厂车间，很务实 |
| | **车间人员管理那些事儿**<br>岑立聪　著 | 车间人员管理中处理各种"疑难杂症"的经验和方法 | 基层车间管理者最闹心、头疼的事，'打包'解决 |
| | **1. 欧博心法：好管理靠修行**<br>**2. 欧博心法：好工厂这样管**<br>曾　伟　著 | 他是本土最大的制造业管理咨询机构创始人，他从 400 多个项目、上万家企业实践中锤炼出的欧博心法 | 中小制造型企业，一定会有很强的共鸣 |
| | **欧博工厂案例 1：生产计划管控对话录**<br>**欧博工厂案例 2：品质技术改善对话录**<br>**欧博工厂案例 3：员工执行力提升对话录**<br>曾　伟　著 | 最典型的问题、最详尽的解析，工厂管理 9 大问题 27 个经典案例 | 没想到说得这么细，超出想象，案例很典型，照搬都可以了 |
| | **工厂管理实战工具**<br>欧博企管　编著 | 以传统文化为核心的管理工具 | 适合中国工厂 |
| | **苦中得乐：管理者的第一堂必修课**<br>曾　伟　编著 | 曾伟与师傅大愿法师的对话，佛学与管理实践的碰撞，管理禅的修行之道 | 用佛学最高智慧看透管理 |
| | **比日本工厂更高效 1：管理提升无极限**<br>刘承元　著 | 指出制造型企业管理的六大积弊；颠覆流行的错误认知；掌握精益管理的精髓 | 每一个企业都有自己不同的问题，管理没有一剑封喉的秘笈，要从现场、现物、现实出发 |
| | **比日本工厂更高效 2：超强经营力**<br>刘承元　著 | 企业要获得持续盈利，就要开源和节流，即实现销售最大化，费用最小化 | 掌握提升工厂效率的全新方法 |

续表

| | | | |
|---|---|---|---|
| 生产管理 | **比日本工厂更高效3:精益改善力的成功实践**<br>刘承元　著 | 工厂全面改善系统有其独特的目的取向特征,着眼于企业经营体质(持续竞争力)的建设与提升 | 用持续改善力来飞速提升工厂的效率,高效率能够带来意想不到的高效益 |
| | **3A顾问精益实践1:IE与效率提升**<br>党新民　苏迎斌　蓝旭日　著 | 系统的阐述了IE技术的来龙去脉以及操作方法 | 使员工与企业持续获利 |
| | **3A顾问精益实践2:JIT与精益改善**<br>肖志军　党新民　著 | 只在需要的时候,按需要的量,生产所需的产品 | 提升工厂效率 |
| | **手把手教你做专业的生产经理**<br>黄　娜　著 | 物流、信息流、资金流,让生产经理管理有抓手 | 从菜鸟到能把控全局 |
| 员工素质提升 | **TTT培训师精进三部曲(上):深度改善现场培训效果**<br>廖信琳　著 | 现场把控不用慌,这里有妙招一用就灵 | 课程现场无论遇到什么样的情况都能游刃有余 |
| | **TTT培训师精进三部曲(中):构建最有价值的课程内容**<br>廖信琳　著 | 这样做课程内容,学员有收获 培训师也有收获 | 优质的课程内容是树立个人品牌的保证 |
| | **TTT培训师精进三部曲(下):职业功力沉淀与修为提升**<br>廖信琳　著 | 从内而外提升自己,职业的道路一帆风顺 | 走上职业TTT内训师的康庄大道 |
| | **培训师,如何让你的事业长青:自我管理的10项法则**<br>廖信琳　著 | 建立了一套完整的培训师自我管理体系,为培训师的职业成长与发展提供有益的指引 | 培训师如何在自己的职业道路上越走越高,事业长青,一直有所收获与成长?本书将给你答案 |
| | **管理咨询师的第一本书:百万年薪 千万身价**<br>熊亚柱　著 | 从问题出发,发现问题、分析问题、解决问题,让两眼一抹黑的新人快速成长 | 管理咨询师初入职场,让这本书开启百万年薪之路 |
| | **手把手教你做专业督导:专卖店、连锁店**<br>熊亚柱　著 | 从督导的职能、作用,在工作中需要的专业技能、方法,都提供了详细的解读和训练办法,同时附有大量的表单工具 | 无论是店铺需要统一培训,还是个人想成为优秀的督导,有这一本就够了 |
| | **跟老板"偷师"学创业**<br>吴江萍　余晓雷　著 | 边学边干,边观察边成长,你也可以当老板 | 不同于其他类型的创业书,让你在工作中积累创业经验,一举成功 |
| | **销售轨迹:一位快消品营销总监的拼搏之路**<br>秦国伟　著 | 本书讲述了一个普通销售员打拼成为跨国企业营销总监的真实奋斗历程 | 激励人心,给广大销售员以力量和鼓舞 |
| | **在组织中绽放自我:从专业化到职业化**<br>朱仁健　王祥伍　著 | 个人如何融入组织,组织如何助力个人成长 | 帮助企业员工快速认同并投入到组织中去,为企业发展贡献力量 |
| | **企业员工弟子规:用心做小事,成就大事业**<br>贾同领　著 | 从传统文化《弟子规》中学习企业中为人处事的办法,从自身做起 | 点滴小事,修养自身,从自身的改善得到事业的提升 |

续表

| | | | |
|---|---|---|---|
| 员工素质提升 | **手把手教你做顶尖企业内训师:TTT培训师宝典**<br>熊亚柱　著 | 从课程研发到现场把控、个人提升都有涉及,易读易懂,内容丰富全面 | 想要做企业内训师的员工有福了,本书教你如何抓住关键,从入门到精通 |
| | **客诉处理金手指:客户投诉的应对与管理**<br>孟广桥　著 | 立足于投诉处理的实践,剖析了不同投诉者投诉的特点和应对措施,并提供各种技巧方法、赢得客户信赖所需培养的品质修炼、处理投诉应掌握的法律法规等工具 | 是投诉处理人员适应岗位职能需要、提升工作技能的良师益友,是企业变诉为金、培养业务骨干的法宝 |

## 营销类:把客户需求融入企业各环节,提供"客户认为"有价值的东西

| | 书名．作者 | 内容/特色 | 读者价值 |
|---|---|---|---|
| 营销模式 | **精品营销战略**<br>杜建君　著 | 以精品理念为核心的精益战略和营销策略 | 用精品思维赢得高端市场 |
| | **变局下的营销模式升级**<br>程绍珊　叶　宁　著 | 客户驱动模式、技术驱动模式、资源驱动模式 | 很多行业的营销模式被颠覆,调整的思路有了! |
| | **卖轮子**<br>科克斯【美】 | 小说版的营销学!营销理念巧妙贯穿其中,贵在既有趣,又有深度 | 经典、有趣!一个故事读懂营销精髓 |
| | **动销操盘:节奏掌控与社群时代新战法**<br>朱志明　著 | 在社群时代把握好产品生产销售的节奏,解析动销的症结,寻找动销的规律与方法 | 都是易读易懂的干货!对动销方法的全面解析和操盘 |
| | **弱势品牌如何做营销**<br>李政权　著 | 中小企业虽有品牌但没名气,营销照样能做的有声有色 | 没有丰富的实操经验,写不出这么具体、详实的案例和步骤,很有启发 |
| | **老板如何管营销**<br>史贤龙　著 | 高段位营销16招,好学好用 | 老板能看,营销人也能看 |
| | **洞察人性的营销战术:沈坤教你28式**<br>沈　坤　著 | 28个匪夷所思的营销怪招令人拍案叫绝,涉及商业竞争的方方面面,大部分战术可以直接应用到企业营销中 | 各种谋略得益于作者的横向思维方式,将其操作过的案例结合其中,提供的战术对读者有参考价值 |
| | **动销:产品是如何畅销起来的**<br>吴江萍　余晓雷　著 | 真真切切告诉你,产品究竟怎么才能卖出去 | 击中痛点,提供方法,你值得拥有 |
| | **1000铁杆女粉丝**<br>张兵武　著 | 连接是女性与生俱来的特质。能善用连接的营销人员,就像拿到打开女性荷包的钥匙 | 重新认识女性的传播力量 |
| | **360°谈营销:一位营销咨询师20年实战洞察**<br>王清华　古怀亮　著 | 各个角度,全方位,多视点剥营销 | 思路单一,此书帮你破 |
| | **营销按钮:扣动一触即发的力量**<br>老　苗　著 | 提供各种奇形怪状的营销武器 | 一定会带给你不一样的思维震撼 |

续表

| | | | |
|---|---|---|---|
| 销售 | **资深大客户经理:策略准,执行狠**<br>叶敦明　著 | 从业务开发、发起攻势、关系培育、职业成长四个方面,详述了大客户营销的精髓 | 满满的全是干货 |
| | **成为资深的销售经理:B2B、工业品**<br>陆和平　著 | 围绕“销售管理的六个关键控制点”一一展开,提供销售管理的专业、高效方法 | 方法和技术接地气,拿来就用,从销售员成长为经理不再犯难 |
| | **销售是门专业活:B2B、工业品**<br>陆和平　著 | 销售流程就应该跟着客户的采购流程和关注点的变化向前推进,将一个完整的销售过程分成十个阶段,提供具体方法 | 销售不是请客吃饭拉关系,是个专业的活计!方法在手,走遍天下不愁 |
| | **向高层销售:与决策者有效打交道**<br>贺兵一　著 | 一套完整有效的销售策略 | 有工具,有方法,有案例,通俗易懂 |
| | **卖轮子**<br>科克斯　【美】 | 小说版的营销学!营销理念巧妙贯穿其中,贵在既有趣,又有深度 | 经典、有趣!一个故事读懂营销精髓 |
| | **学话术　卖产品**<br>张小虎　著 | 分析常见的顾客异议,将优秀的话术模块化 | 让普通导购员也能成为销售精英 |
| 组织和团队 | **升级你的营销组织**<br>程绍珊　吴越舟　著 | 用“有机性”的营销组织替代“营销能人”,营销团队变成“铁营盘” | 营销队伍最难管,程老师不愧是营销第1操盘手,步骤方法都很成熟 |
| | **用数字解放营销人**<br>黄润霖　著 | 通过量化帮助营销人员提高工作效率 | 作者很用心,很好的常备工具书 |
| | **成为优秀的快消品区域经理(升级版)**<br>伯建新　著 | 用“怎么办”分析区域经理的工作关键点,增加30%全新内容,更贴近环境变化 | 可以作为区域经理的“速成催化器” |
| | **成为资深的销售经理:B2B、工业品**<br>陆和平　著 | 围绕“销售管理的六个关键控制点”一一展开,提供销售管理的专业、高效方法 | 方法和技术接地气,拿来就用,从销售员成长为经理不再犯难 |
| | **一位销售经理的工作心得**<br>蒋　军　著 | 一线营销管理人员想提升业绩却无从下手时,可以看看这本书 | 一线的真实感悟 |
| | **快消品营销:一位销售经理的工作心得2**<br>蒋　军　著 | 快消品、食品饮料营销的经验之谈,重点突出 | 来源于实战的精华总结 |
| | **销售轨迹:一位快消品营销总监的拼搏之路**<br>秦国伟　著 | 本书讲述了一个普通销售员打拼成为跨国企业营销总监的真实奋斗历程 | 激励人心,给广大销售员以力量和鼓舞 |
| | **用营销计划锁定胜局:用数字解放营销人2**<br>黄润霖　著 | 全方位教你怎么做好营销计划,好学好用真简单 | 照搬套用就行,做营销计划再也不头痛 |
| | **快消品营销人的第一本书:从入门到精通**<br>刘　雷　伯建新　著 | 快消行业必读书,从入门到专业 | 深入细致,易学易懂 |
| 产品 | **产品开发管理方法·流程·工具:从作坊式到规范化**<br>任彭枞　著 | 产品研发管理体系全指导 | 既有工具,又能开拓思路 |
| | **新产品开发管理,就用IPD(升级版)**<br>郭富才　著 | 10年IPD研发管理咨询总结,国内首部IPD专业著作 | 一本书掌握IPD管理精髓 |

续表

| | | | |
|---|---|---|---|
| 产品 | **这样打造大单品：案例　策略　方法**<br>迪智成咨询团队　著 | 囊括十三个不同行业、企业的实际案例，从不同角度详细剖析、总结了这些品牌厂家打造大单品的成功经验或者失败教训 | 厘清大单品打造的策划与路径，得出持续经营的思路与方法 |
| | **资深项目经理这样做新产品开发管理**<br>秦海林　著 | 以IPD为思想，系统讲解新产品开管理的细节 | 提供管理思路和实用工具 |
| | **产品炼金术Ⅰ：如何打造畅销产品**<br>史贤龙　著 | 满足不同阶段、不同体量、不同行业企业对产品的完整需求 | 必须具备的思维和方法，避免在产品问题上走弯路 |
| | **产品炼金术Ⅱ：如何用产品驱动企业成长**<br>史贤龙　著 | 做好产品、关注产品的品质，就是企业成功的第一步 | 必须具备的思维和方法，避免在产品问题上走弯路 |
| 品牌 | **中小企业如何建品牌**<br>梁小平　著 | 中小企业建品牌的入门读本，通俗、易懂 | 对建品牌有了一个整体框架 |
| | **采纳方法：破解本土营销8大难题**<br>朱玉童　编著 | 全面、系统、案例丰富、图文并茂 | 希望在品牌营销方面有所突破的人，应该看看 |
| | **中国品牌营销十三战法**<br>朱玉童　编著 | 采纳20年来的品牌策划方法，同时配有大量的案例 | 众包方式写作，丰富案例给人启发，极具价值 |
| | **今后这样做品牌：移动互联时代的品牌营销策略**<br>蒋　军　著 | 与移动互联紧密结合，告诉你老方法还能不能用，新方法怎么用 | 今后这样做品牌就对了 |
| | **中小企业如何打造区域强势品牌**<br>吴　之　著 | 帮助区域的中小企业打造自身品牌，如何在强壮自身的基础上往外拓展 | 梳理误区，系统思考品牌问题，切实符合中小区域品牌的自身特点进行阐述 |
| 渠道通路 | **深度分销：掌控渠道价值链**<br>施　炜　著 | 制造商通过掌控渠道价值链，将管理触角延伸至零售层面及顾客现场，对市场根部精耕细作，从而挖掘需求，构筑区域市场尤其是三四级市场的竞争壁垒 | 深度分销是中国企业对世界营销的独特贡献。实践证明，互联网时代深度分销仍有生命力 |
| | **快消品营销与渠道管理**<br>谭长春　著 | 将快消品标杆企业渠道管理的经验和方法分享出来 | 可口可乐、华润的一些具体的渠道管理经验，实战 |
| | **传统行业如何用网络拿订单**<br>张　进　著 | 给老板看的第一本网络营销书 | 适合不懂网络技术的经营决策者看 |
| | **采纳方法：化解渠道冲突**<br>朱玉童　编著 | 系统剖析渠道冲突，21个渠道冲突案例、情景式讲解，37篇讲义 | 系统、全面 |
| | **学话术　卖产品**<br>张小虎　著 | 分析常见的顾客异议，将优秀的话术模块化 | 让普通导购员也能成为销售精英 |
| | **向高层销售：与决策者有效打交道**<br>贺兵一　著 | 一套完整有效的销售策略 | 有工具，有方法，有案例，通俗易懂 |
| | **通路精耕操作全解：快消品20年实战精华**<br>周　俊　陈小龙　著 | 通路精耕的详细全解，每一步的具体操作方法和表单全部无保留提供 | 康师傅二十年的经验和精华，实践证明的最有效方法，教你如何主宰通路 |

续表

| 管理者读的文史哲·生活 | | | |
|---|---|---|---|
| 书名.作者 | | 内容/特色 | 读者价值 |
| 思想·文化 | **德鲁克管理思想解读**<br>罗 珉 著 | 用独特视角和研究方法,对德鲁克的管理理论进行了深度解读与剖析 | 不仅是摘引和粗浅分析,还是作者多年深入研究的成果,非常可贵 |
| | **德鲁克与他的论敌们:马斯洛、戴明、彼得斯**<br>罗 珉 著 | 几位大师之间的论战和思想碰撞令人受益匪浅 | 对大师们的观点和著作进行了大量的理论加工,去伪存真、去粗存精,同时有自己独特的体系深度 |
| | **德鲁克管理学**<br>张远凤 著 | 本书以德鲁克管理思想的发展为线索,从一个侧面展示了20世纪管理学的发展历程 | 通俗易懂,脉络清晰 |
| | **王阳明"万物一体"论:从"身-体"的立场看(修订版)**<br>陈立胜 著 | 以身体哲学分析王阳明思想中的"仁"与"乐" | 进一步了解传统文化,了解王阳明的思想 |
| | **自我与世界:以问题为中心的现象学运动研究**<br>陈立胜 著 | 以问题为中心,对现象学运动中的"意向性""自我""他人""身体"及"世界"各核心议题之思想史背景与内在发展理路进行深入细致的分析 | 深入了解现象学中的几个主要问题 |
| | **作为身体哲学的中国古代哲学**<br>张再林 著 | 上篇为中国古代身体哲学理论体系奠基性部分,下篇对由"上篇"所开出的中国身体哲学理论体系的进一步的阐发和拓展 | 了解什么是真正原生态意义上的中国哲学,把中国传统哲学与西方传统哲学加以严格区别 |
| | **中西哲学的歧异与会通**<br>张再林 著 | 本书以一种现代解释学的方法,对中国传统哲学内在本质尝试一种全新的和全方位的解读 | 发掘出掩埋在古老传统形式下的现代特质和活的生命,在此基础上揭示中西哲学"你中有我,我中有你"之旨 |
| | **治论:中国古代管理思想**<br>张再林 著 | 本书主要从儒、法墨三家阐述中国古代管理思想 | 看人本主义的管理理论如何不留斧痕地克服似乎无法调解的存在于人类社会行为与社会组织中的种种两难和对立 |
| | **车过麻城 再晤李贽**<br>张再林 著 | 系统全面而又简明扼要地展示了李贽独到的学术眼力和超拔的理论建树 | 帮助读者重新认识李贽的思想 |
| | **中国古代政治制度(修订版)上:皇帝制度与中央政府**<br>刘文瑞 著 | 全面论证了古代皇帝制度的形成和演变的历程 | 有助于读者从政治制度角度了解中国国情的历史渊源 |
| | **中国古代政治制度(修订版)下:地方体制与官僚制度**<br>刘文瑞 著 | 全面论证了古代地方政府的发展演变过程 | 有助于读者从政治制度角度了解中国国情的历史渊源 |
| | **中国思想文化十八讲(修订版)**<br>张茂泽 著 | 中国古代的宗教思想文化,如对祖先崇拜、儒家天命观、中国古代关于"神"的讨论等 | 宗教文化和人生信仰或信念紧密相联,在文化转型时期学习和研究中国宗教文化就有特别的现实意义 |
| | **史幼波《大学》讲记**<br>史幼波 著 | 用儒释道的观点阐释大学的深刻思想 | 一本书读懂传统文化经典 |

续表

| | | | |
|---|---|---|---|
| 思想·文化 | **史幼波《周子通书》《太极图说》讲记**<br>史幼波　著 | 把形而上的宇宙、天地,与形而下的社会、人生、经济、文化等融合在一起 | 将儒家的一整套学修系统融合起来 |
| | **史幼波《中庸》讲记(上下册)**<br>史幼波　著 | 全面、深入浅出地揭示儒家中庸文化的真谛 | 儒释道三家思想融会贯通 |
| | **梁涛讲《孟子》之万章篇**<br>梁　涛　著 | 《万章》主要记录孟子与万章的对话,涉及孝道、亲情、友情、出仕为官等 | 作者的解读能帮助读者更好地理解孟子及儒学 |
| | **两晋南北朝十二讲(修订版)**<br>李文才　著 | 作为一本普及性读物,作者尊重史实,运用"历史心理学"的叙事方法,分12个专题对两晋南北朝的历史进行阐述 | 让读者轻松了解两晋南北朝的历史 |
| | **每个中国人身上的春秋基因**<br>史贤龙　著 | 春秋368年(公元前770－公元前403年),每一个中国人都可以在这段时期的历史中找到自己的祖先,看到真实发生的事件,同时也看到自己 | 长情商、识人心 |
| | **与《老子》一起思考:德篇**<br>史贤龙　著 | 打通文史,回归哲慧,纵贯古今,放眼中外,妙语迭出,在当今的老子读本中别具一格 | 深读有深读的回味,浅尝有浅尝的机敏,可给读者不同的启发 |
| | **说服天下:《鬼谷子》的中国沟通术**<br>翟玉忠　著 | 由内圣而外王,从心力的培育到具体的说服理论,再到生动的说服案例 | 从商业到军事再到日常生活,沟通说服已经变得越来越重要 |
| | **读《管子》,知天下财富:轻重术与中国古典经济思想**<br>翟玉忠　著 | 中国农业社会规模庞大的市场产生了复杂发展的经济理论——以《管子》轻重十六篇为核心的轻重术 | 本书分为道、术两大部分,有思想、有谋略,相信你会从中有所收获 |
| | **中国商道:从古典商书说开去**翟玉忠　著 | 对中国先秦和明清两个商品经济大发展时期商业典籍的第一次系统整理和诠释 | 中华商道一脉相承,造就了无数商业奇迹,成就了无数商业巨子。今人读之,必能获益 |
| | **跟陈忠建学写名家书法Ⅰ**<br>**跟陈忠建学写名家书法Ⅱ**<br>陈忠建　著 | 中国台湾著名书法教育家,用视频手把手教你摹写历代名家笔触 | 用拟古千字文的形式,学习名家的技巧 |
| | **像美国人一样讲话:教你记住800句最地道的美语**<br>马方旭　著 | 本书基本囊括了在美国最常用最地道的800习惯用语表达,包含中英双语翻译,以及清晰明了的注解帮助增强记忆,加入视频等流行的记忆方法 | 易读易懂,趣味十足 |
| | **郑子太极拳理拳法**<br>杨竣雄　著 | 走进郑子太极拳完整训练体系的大门,随着书中另一主角——师父的课程安排与每日功课的练习 | 当您学完这套书后,在掌握拳架的同时具备诸多正确的太极理念与系统知识 |
| | **内功太极拳训练教程**<br>王铁仁　编著 | 杨式(内功)太极拳(俗称老六路)的详细介绍及具体修炼方法,身心的一次升华 | 书中含有大量图解并有相关视频供读者同步学习 |
| | **中医治心脏病**<br>马宝琳　著 | 引用众多真实案例,客观真实地讲述了中西医对于心脏病的认识及治疗方法 | 看完这本书,能为您节约10万元医药费 |